建设世界一流科技期刊专题研究系列丛书

U0734136

中外科技期刊服务能力比较研究

中国科学技术协会　编

中国科学技术出版社
·北　京·

图书在版编目（CIP）数据

中外科技期刊服务能力比较研究 / 中国科学技术协
会编 . —北京：中国科学技术出版社，2019.10
（建设世界一流科技期刊专题研究系列丛书）
ISBN 978-7-5046-8371-7

Ⅰ. ①中… Ⅱ. ①中… Ⅲ. ①科技期刊—出版工作—
研究—世界 Ⅳ. ① G237.5

中国版本图书馆 CIP 数据核字（2019）第 199178 号

策划编辑	符晓静
责任编辑	白　珺
正文设计	中文天地
封面设计	李学维　孙雪骊
责任校对	焦　宁
责任印制	徐　飞

出　　版	中国科学技术出版社
发　　行	中国科学技术出版社有限公司发行部
地　　址	北京市海淀区中关村南大街16号
邮　　编	100081
发行电话	010-62173865
传　　真	010-62173081
网　　址	http://www.cspbooks.com.cn

开　　本	787mm×1092mm　1/16
字　　数	170千字
印　　张	8.5
版　　次	2019年10月第1版
印　　次	2019年10月第1次印刷
印　　刷	北京长宁印刷有限公司
书　　号	ISBN 978-7-5046-8371-7 / G·819
定　　价	32.00元

（凡购买本社图书，如有缺页、倒页、脱页者，本社发行部负责调换）

总　序

当前，全球科技创新空前活跃，新一轮科技革命和产业变革正在重构全球创新版图、重塑全球经济结构。经过多年努力，我国科技事业实现了历史性、整体性、格局性的重大变化，重大创新成果竞相涌现，科技论文产出量质齐升，我国已经成为世界上规模最大、成长最快的科研发表国家之一。与之相比，我国科技期刊发展短板突出，缺乏具有世界影响力的名刊大刊，无法满足日益增长的高水平学术交流的需要，科技界对建设高质量科技期刊呼声强烈。

2018 年以来，中国科协会同有关部门组织密集调研、广泛征求意见，深入研判我国科技期刊发展现状，围绕痛点难点问题研究解决对策，起草形成《关于深化改革培育世界一流科技期刊的意见》，于 2018 年 11 月 14 日经中央全面深化改革委员会第五次会议审议通过，日前由中国科协、中宣部、教育部、科技部联合印发，开启了我国建设世界一流科技期刊的新征程，为推动我国科技期刊创新发展提出了系统规划，也赋予了科技界、期刊界重要使命。

在调查研究和起草文件的过程中，我们深刻认识到，随着国际科技创新合作的与日俱增和科技出版市场全球化进程的不断深入，我国科技期刊已迎来发展的战略机遇期、转型升级期、攻坚克难期。加快建设中国品牌的世界一流科技期刊，已成为建设世界科技强国的战略需要和提升国家文化软实力的必然要求。

千里之行，始于足下。应当看到，世界一流科技期刊有其自身的发展规律和运行机制，也有其必不可少的形成要素，需要长期的学术积淀和品牌经营，绝非朝夕之功、一蹴而就。为给大家提供可资借鉴的经验和启示，我们从前期的调研课题中，精选《世界一流科技期刊特征研究》《典型国际出版机构期刊运营模式研究》《中外科技期刊服务能力比较研究》和《科技期刊出版伦理规范》4 个成果，汇编成"建设世界一流科技期刊专题研究系列丛书"，结集出版。

这套丛书以历史纵深和国际视野，对世界一流科技期刊的办刊理念、办刊模式、市场发展、经营传续等各个维度进行了系统研究，通过丰富的案例分析，阐释世界一流科技期刊的内涵和外延，总结其共性特征和发展的规律性经验，生动展现了国际期刊在集约化办刊、数字化转型、集团化运作、市场化运营等方面的引领性做法。丛书通过大量事实数据、比较分析，反映了世界一流科技期刊卓越的编辑出版服务能力，对我国科技期刊打造高效的学术交流平台和国际传播平台，增强可持续发展能力，具有非常现实的指导意义。

他山之石，可以攻玉。希望我国科技期刊能够吸收借鉴国际优秀科技期刊的先进做法和有益经验，效而不拘，守正创新，探索出一条中国科技期刊创新超越之路。

中国科学技术协会

2019 年 9 月

前　言

促进学术发展、推动科技创新是科技期刊的核心价值。我国建设世界一流科技期刊，需要扎扎实实提升期刊的服务能力。为准确把握我国科技期刊在服务方面的优势和短板，有针对性地提高服务水平，中国科学技术协会学会学术部委托清华大学出版社开展"中外科技期刊服务能力比较研究"课题调研。

课题组对综合期刊、专业期刊、医学期刊、科普期刊等不同类型的中外科技期刊进行了比较研究，从组稿约稿、数字传播服务、呈现形式服务、增强出版服务、学术社交平台、学术伦理服务、自存储服务、发行服务以及收费服务等方面进行了对比分析，认为我国科技期刊的服务能力已经形成了鲜明的特色，包括：坚持围绕国家重大科研需求深入服务，注重国内标准化、本土化服务；围绕各个层面的学术共同体，构建了针对性较强的分类服务体系；提供论文、栏目、会议、培训等多种服务形式；等等。但与国外优秀科技期刊相比，我国科技期刊整体服务水平不够均衡、良莠不齐，在服务的专业化程度上依然存在不小的差距，服务读者的意识明显不足，科研诚信服务的能力亟须提高。

针对以上现状和不足，课题组提出，我国科技期刊应该以服务世界一流学术共同体为导向，建立一流科技期刊建设的综合指标体系；紧紧围绕对国内经济建设和科研发展具有直接作用的科学共同体，大力提高科技期刊，尤其是中文科技期刊服务成果转化和产学研结合的能力；转变服务观念，提高服务读者的水平；深化服务的专业化程度，扶持第三方服务力量；以服务能力创新为抓手，提高服务的高科技含量。

课题组以清华大学出版社期刊中心为主组建，吸纳了高校教师和科研院所专家参与。由于编写时间仓促和编者能力有限，难免有错漏之处，敬请读者指正。

"中外科技期刊服务能力比较研究"课题组

2019 年 9 月

目 录
CONTENTS

1 中外典型科技期刊服务能力对比分析

1.1 综合类期刊服务能力对比研究 [①]

1.1.1 引言

伴随着中国政治、经济、科技、文化的快速发展以及国家对科技事业的大力支持，中国科技发展取得了国际公认的成就。作为科技文化的重要传播平台，学术期刊的论文发表数量也飞速增加。有外媒评论称，"这个具有说服力的数字凸显了中国过去几十年在世界舞台上所取得的飞速进步""一个新的学术科技大国正在迅速赶超" [②]。我国科技论文的发表数量举世瞩目，但我国优质科技期刊的发展与优质论文的发展速度与其不相匹配：2016 年度，《期刊引用报告》（*Journal Citation Reports*，*JCR*）共收录期刊 8856 种，其中 SCI 数据库收录中国科技期刊 185 种，占比为 2.09%，而同期 SCI 数据库收录中国科技论文 32.42 万篇，占比为 17.1% [③]。造成这种差别最为重要的因素之一就是国内学术期刊的数量和服务能力与国外学术期刊相比存在较大差距。因此，本书选取《自然》（*Nature*）、《科学》（*Science*）和《科学通报》分别作为国外和国内顶级综合学术刊物的代表（前两者为国际英文学术期刊的代表，后者为国内中文学术期刊的代表），希望通过分析国内外顶级

[①] 本节主要执笔人为清华大学出版社期刊中心史志伟、张昕。

[②] 光明日报. 中国学术论文数量全球第一，我们该如何评价？［EB/OL］.［2018-06-01］. http://wemedia.ifeng.com/47482315/wemedia.shtml.

[③] 化学加. 2016 中国科技论文统计结果发布，SCI 论文数化学学科居首（附各高校研究所论文排行）［EB/OL］.［2018-06-01］. http://www.sohu.com/a/202525191_286128.

学术期刊在论文约稿、加工、传播以及学术影响力方面的差别，为国内学术期刊的发展提供借鉴。准确地说，为国内中文综合学术期刊的发展提供借鉴。

1.1.2　研究框架

Nature、*Science* 和《科学通报》三本科技期刊与科研紧密地融为一体，并在一定程度上对学术发展起到了引领作用，在国内外的学术传播中扮演了重要角色。为全面对比三者之间的差别，本次研究采取科研流程的视野，从科研信息采集服务、科研信息生产服务、科研信息传播服务和传播效果评估 4 个环节进行对比，每个环节又单独挑出有新意的举措作为创新服务，以期对三者进行全面对比，进而为我国学术期刊的发展提供借鉴。

科研信息采集服务主要从创新服务、论文服务、科研信息服务、学术伦理建设及版权 4 个角度进行论述，以期对学术期刊的科研信息采集能力进行对比。

科研信息生产服务主要从创新服务、精心组织栏目、多媒体呈现、可读性、衍生刊群等角度进行论述，以期对学术期刊的信息生产、加工能力进行对比。

科研信息传播服务主要从创新服务、常规传播、大众媒体传播、移动社交等角度进行论述，以期将优质内容传播出去。

传播效果评估主要从影响因子、自然指数等角度进行论述，以期从传播效果来观察学术期刊的办刊质量、经营策略是否正确，为学术期刊的良性发展奠定基础。

1.1.3　科研信息采集服务

（1）创新服务

第一，探索数据服务。*Nature* 在其论文发表的前期过程中，会重视科研人员在论文发表过程中产生的数据，一方面会对数据进行整理，帮助科研人员发布、发现和重用研究数据；另一方面也会将论文数据上传至互联网，允许读者访问。

Science 要求作者在投稿时上传论文涉及的数据，同时，允许作者上传与文章的结论有直接关系、但因印刷版面的限制不能发表的文字（比如有关方法的信息）、表格、示意图、图片、录像片段和音频文件等其他超出印刷版力所能及的使内容更丰富的材料[①]。一方面是为了让文章内容更为丰富，更具科学性、严谨性；另一方面也是为了相关论文实验的可重复性，避免学术不端现象。

《科学通报》在其 2018 投稿指南中指出，"必要的补充数据（比如一些大的数据表，以及有关方法的详细描述）可以作为附加文件同时上传，文章录用后这部

---

① 360 个人图书馆. *Science* 杂志投稿要求和说明详解［EB/OL］.［2018-06-01］. http://www.360doc.com/content/18/0624/18/57102320_765052565.shtml.

分内容作为附加材料在网络版发表"①。

通过三者的比较可以发现，*Nature*、*Science* 作为世界顶级的学术刊物，对于论文产生的相关数据非常重视，甚至有将数据出版进行二次加工的意图。《科学通报》在相关通知中允许作者上传论文数据。

第二，积极探索开放研究。*Nature* 开放研究考虑的是开放新的学术领域（如人文和社会科学），为展现科学成果提供新的开放形式（如专著的开放获取），以及开放科研投稿中最基本的内容——我们所生成的数据。

Science 在人文和社会科学这一方面并没有相关措施，研究领域主要集中在科学、技术、医学（Sicence，Technology，Medicine，STM）领域。

《科学通报》更着重于理工领域，如 2018 年第 1～第 3 期发表文章所属领域是原子核物理学、凝聚态物理学、光学、分析化学、地质学、材料科学、工程热物理、心理学、天文学、环境化学、生态学、地理学、物理化学、生物工程、能源科学、太阳与太阳系、基础医学、地球物理学、大气科学，其中涉及的基础医学是从分子材料的医疗效果进行考量的。

通过三者的比较可以发现，*Nature* 的文章发表领域已经不局限于传统的 STM 领域，还面向人文和社会科学领域；*Science* 的文章还主要集中在 STM 领域；《科学通报》更注重科技领域，在文章领域上有一定的局限性。

第三，探索双盲审举措。长久以来，一些研究者总担忧送审的稿件是依据作者声誉而非论文质量来评议的。尽管作者通常并不知道是谁在审稿，但是审稿人一般都知道论文的作者是谁。而双盲同行评审，无论是论文作者还是审稿人都不知道对方的身份。2009 年的一项国际和跨学科的调查，研究同行评审，有 4000 多名研究人员、76%的受访者表示，双盲是一种有效的同行审查制度。②

自 2013 年起，*Nature* 将提交给《自然·地球科学》（*Nature Geoscience*）和《自然·气候变化》（*Nature Climate Change*）的稿件提供了作者匿名的同行评审和作者不匿名的同行评审两个选择。③*Science* 并没有进行双盲审，在杂志上发表的文章表示"双盲同行评审其实并不公平"。④《科学通报》也没有双盲审的相关信息。

① 科学通报. 2018 投稿指南［EB/OL］.［2018-06-01］. http://engine.scichina.com/cfs/files/files/vxbTDjkgz386nMnnJ/2018%E5%B9%B4%E6%8A%95%E7%A8%BF%E6%8C%87%E5%8D%97.pdf.

② 郑环泉. *Nature* 审稿新举措：双盲审稿［EB/OL］.［2018-06-01］. http://blog.sciencenet.cn/blog-648288-870446.html.

③ 丁好奇. 同行双盲评审真的靠谱吗？［EB/OL］.［2018-06-01］. http://www.medsci.cn/article/show_article.do?id=a686114519fb.

④ 生物学霸. *Science* 杂志披露：双盲同行评审其实并不公平［EB/OL］.［2018-06-01］. http://www.sohu.com/a/198012572_177233.

双盲审作为一种有争议的评价方式，在学术期刊领域并没有被广泛应用。[①]然而，对于有利于保证学术论文科学性、严谨性的措施，有助于避免学术论文受到作者声望、性别等与学术论文无关因素影响的措施，应该给予尝试。

（2）论文服务

第一，提供作者投稿及培训。*Nature* 对作者文章的水平、长度、版式等有明确要求，以减少处理文章的时间。*Nature* 提供语言编辑服务、科学编辑服务以及培训（针对作者、评审人、期刊编辑等），以缩短文章的出版时间和保证文章符合出版规范。此外，*Nature* 会将不被主刊接收的文章转移到 *Nature* 子刊上，保证优秀文章的最大利用。

与 *Nature* 相比，*Science* 在作者投稿及培训上做得也比较到位。但由于 *Science* 子刊目前较少 [《科学进展》（*Science Advances*）、《科学·转化医学》（*Science Translational Medicine*）、《科学·信号》（*Science Signaling*）、《科学·免疫学》（*Science Immunology*）、《科学·机器人学》（*Science Robotics*），与此对应，*Nature* 子刊已达到 51 个[②]]，会导致一定稿源的流失。《科学通报》在投稿指南中明确了文章的各项规定，但在培训以及稿件分流方面（《科学通报》目前没有子刊）做得相对较差。

第二，提供高水平审稿服务。相对于国内普遍设有编委会的常态，*Nature* 没有编委会，其编辑发挥了重要作用。编辑会花上几周的时间在学术会议上及实验室里，并不断地阅读文献，确保文章基本质量，然后分发给相关的审稿专家。如果出现编辑之间针对某篇稿件意见不统一的情况，会通过内部讨论、非正式地咨询科学家或评议来解决，以实现最大化统一标准。编辑独立于学科、国家和民族偏见，可以最大限度地保证论文质量，使论文地域分布广，2012 年达到 92 个国家和地区的作者在 *Nature* 上发文。

Science 也没有编委会，但设有审稿编委会（Board of Reviewing Editors），部分承担了编委会职责。*Science* 稿件首先被分配到华盛顿或英国剑桥的 *Science* 文稿编辑手中。大多数来稿还须经一两名审稿编委会成员就其是否适合在 *Science* 上发表打分。审稿编委会成员都是仍在从事科研工作的相应领域的专家。*Science* 的编辑在决定是否送来稿做同行评审时，会参考审稿编委打的分。编委认为不适合发表的来稿不再送同行评审，编辑将在 2～3 个星期内将其退还给作者。[③]每年，大约有 7000 篇论文稿件投到 *Science* 编辑部，但是只有 15% 左右能被录用，其中

① 栗茂腾. 以 *Nature* 打头的子刊已有 51 种！你知道吗？［EB/OL］.［2018-06-01］. http://blog.sciencenet.cn/blog-3319332-1095169.html.

② 栗茂腾. 以 *Nature* 打头的子刊已有 51 种！你知道吗？［EB/OL］.［2018-06-01］. http://blog.sciencenet.cn/blog-3319332-1095169.html.

③ 佚名. *Science* 杂志介绍［EB/OL］.［2018-06-01］. https://wenku.baidu.com/view/ec8a31e7524de518964b7d50.html.

70% 来自美国，其余来自欧洲和亚洲。[①] 此外，编辑部要求编委 48 小时内审回，并对来稿打分，从非常精彩（very exciting）到非常无趣（very low interest），共分为 10 级，得 6 分或更高的稿件才送深度评审，该过程需要 1～2 周。[②]

《科学通报》设有专门的编委会进行文稿质量的把控，有着严格的审稿流程，但论文作者构成相对单一，绝大多数作者为中国人，国际来稿数量很少。

通过对比我们发现，在审稿流程上三者不尽相同，但都在为最大限度地保证学术质量而进行努力。但在作者构成上三者有明显差别，直接导致对三者的稿源数量和质量产生重大影响。

（3）科研信息服务

Nature 非常重视世界顶级科学家的研究进展，除了拜访实验室和参加传统会议与科研人员互动，还跟踪科学团体的报道、跟踪基金会相关获奖者的研究、与相关科研机构合作，最大限度地保证紧跟国际科学研究进展。

Science 也非常重视跟进世界顶级科学研究进展，相对来说注意力主要集中在美国，这也是由于美国的科学研究进展在世界范围来说是顶级的。

《科学通报》这方面相对不足。根据已有的资料，并没有找到跟进世界或中国顶级科学研究进展的材料，这也是《科学通报》相对于 *Nature*、*Science* 整体较差的重要原因。

（4）学术伦理建设及版权

Nature 要求作者签署同意出版论文和转移论文版权的协议，在论文正式发表前不公开自己的研究结果，尤其不能向媒体发布有关稿件内容，但允许并鼓励作者在其论文公开发表 6 个月后将发表在 NPG 期刊上的论文和未经编辑的手稿存储在其资助机构、所属研究机构的机构仓储或个人主页上。此外，*Nature* 要求作者在投稿的同时声明竞争性财务收益，避免出现学术伦理问题。

Science 也要求作者不公开自己的研究结果，作者可以在公开的学术会议上介绍自己的研究结果，但不应过分地寻求媒体的注意。具体地说，文章作者应拒绝参加新闻发布会，应避免记者采访或避免把有关的数据或图表给记者，除非该记者同意遵守 *Science* 的新闻限制。[③] *Science* 也非常注重学术伦理问题。

《科学通报》在其投稿系统中，明确作者签署同意出版论文和转移论文版权的协议，注意规避版权问题，但对于实验中造成的学术伦理问题（如使用动物进

---

① 冬天云的窝. 怎样在 *Science* 杂志上发表文章［EB/OL］.［2018-06-01］. http://www.360doc.com/content/11/1115/11/7583284_164470940.shtml.

② 石应江，齐国翠. *Science* 的办刊理念及启示［J］. 中国科技期刊研究，2014，25（11）：1425-1431.

③ 360 个人图书馆. *Science* 杂志投稿要求和说明详解［EB/OL］.［2018-06-01］. http://www.360doc.com/content/18/0624/18/57102320_765052565.shtml.

行实验等）并没有明确规定，而 *Nature* 和 *Science* 在投稿说明中有明确要求。

1.1.4 科研信息生产服务

（1）创新服务

Nature 根据用户需求分析，每年投资 100 万美元以上专门用于增强编辑力量和增加杂志的篇幅，目的是开辟新的栏目，增加新的内容，如增加了产业和未来等栏目。

（2）精心组织栏目

Nature 栏目多样：包括目录页（Contents Pages）、观点（Opinion）、新闻（News）、新闻简报（News in Brief）、新闻分析（News Analysis）、简评（Briefings）、读者来信（Correspondence）、新闻和观点（News and Views）、简明通信（Brief Communications，以前称 Scientific Correspondence）、书评（Book Reviews）、综述和进展文章（Review and Progress Articles）、其他特辑（Careers and Recruitment Features）。[①] *Nature* 的主要内容由有名望的科学家撰写，其主题在各方面要与实际问题所涉及的自然科学知识有密切关系，如有关公众的健康和物质进步等问题，文章的主题也要反映科学的进步及其在教育和文明中的作用。

Science 杂志主要有三大栏目：科学新闻（Science News）、科学指南（Science's Compass）和研究成果（Research）。科学新闻栏目有本周新闻（News of the Week）和新闻聚焦（News Focus），报道世界各地的科学实况。科学指南栏目有社论（Editorial）、读者来信（Letters）、政策论坛（Policy Forum）、科学与社会短文（Essays on Science and Society）、书评（Books Reviews）、研究评述（Perspectives）、综述（Reviews）、技术特写（Technology Sight）等，分别讨论科学政策、科学与社会如何交叉的不同观点，评论分析当前研究的发展情况，谈论具有跨学科意义的最新进展以及未来可能的发展方向，介绍领先的实验技术以及新出版的软件。研究成果栏目是 *Science* 杂志最重要的一部分，包括研究文章（Research Articles）、报告（Reports）、简讯（Brevia）和技术评论（Technical Comments）。研究成果栏目中的论文考虑到广泛的读者群，因此，介绍研究工作背景和其重要性的引言、清晰的图片及说明十分重要。[②]

《科学通报》目前设有点评、进展、评述、前沿、论文、快讯、论坛、争鸣、动态和书评等栏目，栏目邀请国内著名学者进行撰写，一定程度上代表了国内的

---

① 段敬来. 如何在 *Nature* 上发表文章［EB/OL］.［2018-06-01］. http://blog.sciencenet. cn/home.php?mod=space&uid=460442&do=blog&id=760735.

② 冬天云的窝. 怎样在 *Science* 杂志上发表文章［EB/OL］.［2018-06-01］. http://www. 360doc.com/content/11/1115/11/7583284_164470940.shtml.

研究进展。

（3）多媒体呈现

Nature 非常重视音频与视频的应用，设有独立的 "Audio & Video" 栏目。每周出版免费的音频节目 "播客"（podcast）。

Science 作为非营利性刊物，与国内大多数学术刊物的定位是一致的，但这不妨碍其探索多媒体呈现方式。1996 年开始实践网络化办刊，建立了高效便捷的投稿审稿数据库和网络出版平台，实现了快捷的在线出版。

《科学通报》在其官方网站上有明确的 "多媒体" 菜单栏，但无相关内容，说明其多媒体呈现方式有待于进一步加强。

（4）可读性

Nature 非常重视文章的普及性和艺术性，要求一篇文章不仅本专业的人士能理解，符合期刊的风格，非专业读者也能了解其主旨，使其有吸引力和说服力。封面图片极少选用艺术性较低的学术图片，尽量独立创作科学美术作品或者后期进行艺术加工。同时，期刊设置专门的设计部门和广泛征集作品的渠道，为作品的数量和质量都提供了保证。视觉效果优于科学原理。

Science 一直致力于发现和发表那些被大众广泛欢迎和有兴趣的论文，并将它们作为封面论文去推广。此外，*Science* 的目的是出版多学科的论文，让不同学科的读者都能读到一篇感兴趣的文章，出版相对少的论文（20 篇左右）是为了让杂志薄一些（120 页左右），便于携带到飞机或者火车上阅读。[①]

《科学通报》在其官方网站上描述 "要求文章短小精悍，可读性强，能在比较宽泛的学术领域产生影响"，也一直注重文章的可读性。

（5）衍生刊群

Nature 通过衍生刊群扩大读者视野。由于一些领域的高质量论文数量的增加要比其他领域的快得多，*Nature* 通过创办系列刊反映科技发展的新生长点，并推动科研在这一领域的进展。目前，*Nature* 衍生出来的子刊共有 51 个，基本上涵盖了所有的学科，进一步占有市场。[②] 此外，*Nature* 还与其他出版商及世界著名专业学术团体合作推出了一系列高水平的出版物。

Science 在经历一段时间的单刊发展阶段后，也开始创办新刊，目前创办的新刊有 5 个，分别是 *Science Advances*、*Science Translational Medicine*、*Science Signaling*、*Science Immunology*、*Science Robotics*。此外，*Science* 还在其官方网站

---

① 石应江，齐国翠. *Science* 的办刊理念及启示 [J]. 中国科技期刊研究，2014，25（11）：1425－1431.

② 粟茂腾. 以 *Nature* 打头的子刊已有 51 种！你知道吗？[EB/OL].［2018－06－01］. http://blog.sciencenet.cn/blog-3319332-1095169.html.

上推出《科学》合作期刊（Science Partner Journals）项目，以扩大其影响力。① 如与中国科学技术协会合作创办刊物 Research。Research 作为 Science 自 1880 年创刊以来进行海外合作的第一本科技期刊，主要发布交叉学科热点领域的最新突破性科研进展。Science 将为 Research 提供国际化的出版平台和推广服务。②

《科学通报》并没有形成自身品牌的刊群，而是形成了"中国科学"系列刊物。目前，"中国科学"系列刊物共 19 辑，分别为《中国科学：数学》（中英文版）、《中国科学：化学》（中英文版）、《中国科学：生命科学》（中英文版）、《中国科学：地球科学》（中英文版）、《中国科学：技术科学》（中英文版）、《中国科学：信息科学》（中英文版）、《中国科学：物理学 力学 天文学》（中英文版）、《科学通报》（中英文版）、《国家科学评论》（英文版）、《能源化学》（英文版）和《中国科学：材料科学》（英文版），代表了中国目前科研的顶尖水平。

1.1.5 科研信息传播服务

（1）创新服务

Nature 推出了内容共享实验，即在 2014 年 12 月，推出覆盖 50 本期刊和 6000 篇论文的为期 15 个月的内容共享实验，带来了 1300 多万的文章访问量。2015 年，施普林格·自然集团也成功地参与了创建和支持 STM 行业内容分享计划。Science 和《科学通报》这方面做得相对不足。

（2）常规传播

Nature 从收到稿件到正式接受的平均时间间隔为 13 周，从收稿到发稿的时间间隔为 7 周。重要论文在投稿后 1 个月甚至 2 周内发表。Nature 官方网站目前承担了大量的内容传播工作，网站以快报（比例为 33%）和新闻评论（比例为 27%）为主，兼顾评述文章、研究论文，采用多种媒体形式（如视频、博客等）丰富网站内容，还提供各类服务，如工作招聘信息、会议通知等，侧重新闻性和服务类的综合信息。截至 2012 年，Nature 上 3/4 为个人订户，覆盖了全世界排名前 200 大学（QS World University Rankings）的图书馆，以及绝大多数福布斯排行榜的世界 500 强公司（占 92%）。Nature 在全球拥有 44932 个订户、340135 名读者；网络版每月全球有 831.7 万独立访问用户，213.8 万用户使用 Nature 在线产品，拥有 36.6 万个电子邮件订阅用户。③

Science 目前以纸质版发行为主。2014 年，Science 表示没有把内容全部在线

---

① Science. Journals ［EB/OL］.［2018-06-01］. http://www.sciencemag.org/journals.

② 科技导报社. 科技导报社与 Science 举行合作签约仪式［EB/OL］.［2018-06-01］. http://www.cast.org.cn/n200685/c57911192/content.html.

③ 张聪，张文红. NPG 期刊运营特点分析［J］. 科技与出版，2013（2）：4-10.

无纸化出版的计划，纸质版仍将存在，会通过网络在线数据库弥补纸质版在视频、音频等多媒体表现形式上的不足。*Science* 发表论文是免费的，因此为保证盈利，文章发表 1 年后即可免费上网，读者可在网站上阅读相关内容。

《科学通报》目前主要与中国知网（CNKI）合作，在其自建网站上会提供文章下载服务。

（3）大众媒体传播

Nature 通过新闻发布会、新闻栏目、新闻采集平台来实现大众媒体的传播。这里需要提一下新闻采集平台（NPG NEWS），平台上不仅有提前在线出版（Advance Online Publication）的论文信息，还有来自世界各地的最新的科学新闻等。此外，还通过優睿科（EurekAlert!）向记者和自由撰稿人提前传播信息。

Science 的最大优势是 EurekAlert!。作为美国科学促进会（AAAS）的官方刊物，*Science* 在使用 EurekAlert! 时有得天独厚的优势，因为 EurekAlert! 是 AAAS 提供的一项全球的互联网新闻服务。

《科学通报》自 2008 年起成为 AAAS 旗下新闻网站 EurekAlert! 的会员，在借助大众媒体传播方面走在前列。

（4）移动社交

Nature 充分利用社交网站和微博等新媒体。目前，*Nature* 已经在微信公众号上发表原创文章 1723 篇，并开发了小程序，在国内最大的移动传播平台——微信上走在了前列。同时，*Nature* 读者可以在 iPhone、iPad、e-reader 和其他移动设备上看到 NPG 期刊。

Science 也充分利用社交网站和微博等新媒体。目前，*Science* 已经在微信公众号上发表原创文章 123 篇。同时，读者可以在 iPhone、iPad、e-reader 和其他移动设备上看到 *Science*。

《科学通报》在利用社交网站和微博等新媒体方面有些不足。目前，《科学通报》已经在微信公众号上发表原创文章 129 篇，在其他移动端并未开发单独的应用程序（APP），还是借助网页来实现阅读。

1.1.6　传播效果评估

（1）影响因子评估

根据最新公布的影响因子数据，*Nature* 在 2016—2017 年的最新影响因子为40.137，*Science* 在 2016—2017 年的最新影响因子为 37.205，都有很高的影响因子。[①] 而《科学通报》目前并未被 SCI 收录，无相关影响因子数据。

---

① LetPub. LetPub 官方网站［EB/OL］.［2018-06-01］. http://www.letpub.com.cn.

（2）自然指数评估

由于难以衡量，我们以《发文赚钱还是忍受穷困：中国科研界论文奖金制度调查报告（1999—2016）》["Publish or impoverish: An investigation of the monetary reward system of science in China（1999—2016）"]一文的数据进行说明。

以浙江大学为例，研究者统计了 2002—2015 年论文奖金总额的变化。可以看到，部分期刊从 2010 年后便不再符合获奖条件；然而另一方面，*Nature* 和 *Science* 的"悬赏"却居高不下，并由 3 万美元（2010 年）涨至了 4.5 万美元（2015 年），并且从 2005 年起，如果论文被发表在 *Nature* 和 *Science* 上，所有作者都可获得奖金。对于其余的期刊，浙江大学只会为第一作者颁发奖金。[①]《科学通报》只是浙江大学国内一级刊物的认定名录[②]，并无明确的奖金奖励，在教师职称评定过程中作为加分项。由此可见，对于科研单位来说，*Nature*、*Science* 和《科学通报》三者之间存在差距。

1.1.7　建议

（1）明确办刊定位

第一，明确办刊宗旨。《科学通报》在其官方网站上写道，"致力于快速报道自然科学各学科基础理论和应用研究的最新研究动态、消息、进展，点评研究动态和学科发展趋势。要求文章短小精悍，可读性强，能在比较宽泛的学术领域产生影响。"[③] *Nature* 的办刊宗旨是"将科学发现的重要结果介绍给公众，让公众尽早知道全世界自然知识的每一分支中取得的所有进展"。[④] *Science* 始终贯彻"发展科学，服务社会"的理念，并且从论文选择上得以体现。[⑤] 可见，我国综合性学术期刊应明确办刊宗旨，才能在选题策划、约稿、审稿、传播等环节上有的放矢。

第二，明确服务对象。*Nature*、*Science* 的服务对象是全世界的科学家、科研

---

① Wei Quan, Bikun Chen, Fei Shu. Publish or impoverish: An investigation of the monetary reward system of science in China（1999—2016）[EB/OL].［2018-06-01］. https://arxiv.org/ftp/arxiv/papers/1707/1707.01162.pdf.

② 浙江大学. 浙江大学学术期刊名录［EB/OL］.［2018-06-01］. http://hr.zju.edu.cn/postdoctor/redir.php?catalog_id=83722.

③ 科学出版社.《科学通报》官方网站［EB/OL］.［2018-06-01］. http://engine.scichina.com/publisher/scp/journal/CSB?slug=Overview.

④ 生物通. *Nature* 本月最受关注的十篇论文［EB/OL］.［2018-06-01］. http://www.ebiotrade.com/newsf/2010-1/2010115171059287.htm.

⑤ 石应江，齐国翠. *Science* 的办刊理念及启示［J］. 中国科技期刊研究，2014，25（11）：1425-1431.

机构、政府机关以及相关企业，但《科学通报》对服务对象（是国内还是国外？是中文读者还是英文读者？是科学家还是普通读者？）没有明确。我国创刊于1915年的《科学》杂志，经历了从学报加科普转为学报再转为科普的变革，正因为转为科普，在学术影响力方面与 *Science* 的差距越来越大。明确服务对象有助于找准定位。

（2）瞄准优质内容

第一，紧跟国内外最新科学研究进展。*Nature*、*Science* 之所以成为世界顶级刊物，与编辑队伍、主编紧跟世界顶尖科学家、实验室和科研院所的研究成果密不可分，没有一流的内容，就不会有一流的期刊。目前，《科学通报》的文章在国内算是优质的，但不是顶尖的，因为顶尖的学术论文都发表在英文刊物上。紧跟国内外最新科研成果，并将其发表在国内中文刊物上，是需要众多科技期刊工作者努力的。

第二，关注科研新闻报道。科研信息的无限性和人掌握信息能力的有限性之间的矛盾，导致编辑不可能掌握所有科研信息，因此实时关注科研新闻报道、关注科研资讯，是保证杂志引领学术研究的重要手段。

（3）创新品牌优势

第一，打造品牌优势。《科学通报》与"中国科学"系列刊物之间属于平行关系，且都隶属于中国科学杂志社。目前，"中国科学"系列刊物已经在国内有较高的知名度和影响力，将其打造成世界知名品牌，努力向 *Nature*、*Science* 靠近，任重道远。

第二，提升品牌影响力。当前，以《科学通报》为代表的国内学术期刊，多数采用期刊自建网站、与数据库合作的方式来传播内容。好的英文刊物与爱思唯尔（Elsevier）、施普林格（Springer）等国际出版商合作，好的中文刊物与中国知网、万方数据库等国内出版商合作。纵观国际顶级的学术期刊，无不采用的是自建网站或加入行业数据库的方式，以摆脱"为他人作嫁衣裳"的困境。之前部分期刊采用"借船出海"的方式，一定程度上解决了国际传播的问题。然而，期刊想走向国际化，成为世界顶级刊物，自建数据库是不可回避的道路，并且，这对提升品牌影响力有着重要作用。

（4）尝试有利于期刊发展的新事物

第一，重视出版伦理。出版伦理在世界科研范围内受到科学家的广泛重视。国内经过一段时间的发展，已经重视版权引起的各种纠纷，但对出版伦理不够重视。国际出版伦理委员会（Committee on Publication Ethics，COPE）作为非营利性组织，所有成员均自愿参与。目前，*Nature*、*Science* 等期刊和 Elsevier、Springer等出版商都参加了该组织，当前 COPE 的"核心实践"就以下 10 个方面给出了明确指南和学习资源，能够帮助相关机构了解并避免道德问题。这 10 个方面是：对不当行为的指控、作者和贡献者身份、利益冲突、投诉和申诉、数据与再现性、道德监督、知识产权、期刊管理、同行评审流程和发布后更正。① 可以发现，COPE 通过"核心实践"，基本上规避了学术论文涉及的各种出版伦理问题。国内学术期刊可以参加该组织，提升国际视野，规避可能出现的出版伦理问题。

第二，积极利用新的传播手段。以微信为例，作为本土新生事物，微信在国内发展迅速，2018 年春节期间，微信的全球月活跃用户突破 10 亿。② *Nature*、*Science* 作为国际顶级期刊的代表，早已建立微信公众号，并且对各种活动相当积极。*Nature* 还研发了小程序，说明对中国市场的重视。反观《科学通报》，与之相差甚远。积极利用新的传播手段，有助于抵制虚假网站、维护学术期刊自身权利、构建以学术期刊为核心的学术社群，在发展成熟后，甚至可以做到盈利，成为学术期刊市场化的重要手段。③

第三，积极利用新的传播工具。以 APP 为例，*Nature*、*Science* 都开发了自己的 APP，帮助读者第一时间获得科研信息和最新进展。APP 可以实现碎片化阅读、延伸阅读体验、占领用户群④，这不仅有助于提升期刊自身的品牌影响力，还有助于增强读者对期刊的认知。如果国内学术期刊以世界顶级刊物为发展目标，那 APP 的开发势在必行。

（5）调整导向

第一，调整科研导向。上文提到的《发文赚钱还是忍受穷困：中国科研界论文奖金制度调查报告（1999—2016）》一文，引发海外媒体的关注。《麻省理工科技评论》（*MIT Technology Review*）的记者戏称道，奖金制度无疑传达出了一种"短期利益至上的商业精神"；同时他们也不得不承认："中国高校对高影响因子论文的奖励，将为整个科学界的未来带来重大影响。"⑤ 在当前的现实情况下，我们不论科研导向制度的对与错，而应该着重于科研利益导向的调整。作为科研机构、院所的主管部门，教育部、中国科学院等应该以积极的态度应对这种问题，找到一条适合既能调动评价科研工作者的积极性、又能科学评价科研工作者的工作之路。

---

① 关于国际出版伦理委员会（COPE）新的核心实践，你必须知道的几点［EB/OL］．［2018-06-01］．http://blog.sciencenet.cn/home.php?mod=space&uid=681387&do=blog&id=1108041.

② 果粉俱乐部．马化腾：微信月活跃用户突破 10 亿［EB/OL］．［2018-06-01］．http://www.sohu.com/a/224906368_116600.

③ 武晓耕．学术期刊为什么要作微信公众号［EB/OL］．［2018-06-01］．http://blog.sciencenet.cn/blog-855110-1074741.html.

④ 钱筠．APP 时代学术期刊的发展策略［J］．编辑学报，2015，27（1）：71-74.

⑤ 佚名．中国"有奖科研"调研报告［EB/OL］．［2018-06-01］．http://www.360doc.com/content/17/0808/21/43529692_677650146.shtml.

第二，加大对英文刊的支持力度。前文提到，我国优质科技期刊的发展速度与优质论文的发展速度不匹配。最大的原因就是，英文刊在我国科技期刊整体中的数量少、比例低。截至 2016 年年底，我国已有 322 种英文版科技期刊[①]，而我国科技期刊数量为 50 种[②]，占比为 6.4%，其中 SCI 数据库收录中国科技期刊 185 种，占 SCI 收录期刊总量的 2.09%。与之对比，截至 2016 年，美国科技期刊总量高达 1.3 万多种，位居世界第一，被 SCI 收录的期刊数量为 4321 种，也位居世界第一；英国科技期刊总量也有 8357 种，被 SCI 收录期刊数量达到 2836 种[③]。这种情况在一定程度上限制了"广大科技工作者要把论文写在祖国的大地上，把科技成果应用在实现现代化的伟大事业中"这一目标的实现。[④] 因此，建议相关主管部门加大对英文刊的审批支持力度，在符合国家期刊发展政策的前提下，助力英文期刊的快速发展。值得一提的是，中国科协、财政部、教育部、原国家新闻出版广电总局、中国科学院、中国工程院等部门实施的"中国科技期刊国际影响力提升计划"，有效填补了我国相关领域英文科技期刊空白[⑤]，对我国英文期刊国际影响力的提升有着重要帮助。

第三，科研机构的自我调整。期刊影响因子目前在学术评价与科研管理中发挥着重要作用，大家都跟着这根"指挥棒"转，希望影响因子越高越好。不说研究型大学，即便是教学型乃至职业型学校，学校是否优秀，教师是否能够升等、研究生是否可以毕业，学术论文的影响因子成为最重要的衡量指标。作为科研机构的重要组成部分，建议高校、科研院所根据自己的实际情况进行科研评价的调整，对教师的科研水平、教学质量进行全面评价，避免影响因子"一刀切"的现状。

1.2 中外医学类学术期刊服务能力对比研究[⑥]

近年来，我国对国际高水平期刊的研究日益重视，国内科研教学机构和科技

---

① 任胜利. 2016 年我国英文版科技期刊发展回顾［EB/OL］.［2018-06-01］. http://blog. sciencenet.cn/blog-38899-1036086.html.

② 中国科学技术协会. 中国科技期刊发展蓝皮书（2017）［M］. 北京：科学出版社，2018.

③ 材料人. 砸下重金的中国科技期刊国际影响力提升计划如今咋样了？［EB/OL］.［2018-06-01］. http://www.sohu.com/a/201768634_472924.

④ 央广网. 习近平：把论文写在祖国的大地上［EB/OL］.［2018-06-01］. http://news. sciencenet.cn/htmlnews/2016/6/348350.shtm.

⑤ 中国科学技术协会. 中国科协 2016 年学会学术工作总结和 2017 年学会学术工作要点 ［EB/OL］.［2018-06-01］. http://www.cast.org.cn/n200640/n202078/c395039/content.html.

⑥ 本节主要执笔人为北京印刷学院张聪、宁夏大学外国语学院李天紫。

工作者对 *Cell*，*Nature* 和 *Science* 等国际顶级期刊的重视和推崇更是有目共睹。目前，国内学者已从不同角度对这些期刊进行了研究。周海花、华薇娜[1]以中国学者为对象分析了中国在世界顶级学术期刊 *Nature* 和 *Science* 上所展现的国外科研竞争力；王国燕、程曦、姚雨婷[2]对国外期刊的封面故事进行了比较研究；朱强、陶华、孙良英[3]等人对 2004—2013 年中国在 *Cell*、*Nature*、*Science* 上的论文产出状况及国际地位变化进行了分析；赵荣英、全薇[4]对 2000—2015 年 *Cell*、*Nature* 和 *Science* 3 种杂志上中国学者的发文量、核心作者、发文机构、文献被引情况以及研究主题进行了全面分析；潘鹤婷、蒋悟生[5]以 Web of Science 数据库为基础，对 *Cell Research* 期刊文献做了从论文收录量、文献类型、国家 / 地区、作者机构、引文量、高被引论文、引文国别、引文机构、期刊影响因子与期刊分区等方面的计量研究。这些研究反映了我国学者对国际期刊的持续关注，对了解我国在国际科研领域的地位与现状，鼓励科研工作者积极发表顶级论文起到了很好的引领作用。但从期刊发展的角度看，深入分析研究国际知名科技期刊对我国科技期刊的发展意义重大。本研究将详细梳理国际顶级医学杂志，以期以管窥豹，助力我国科技期刊发展。

1.2.1 国际顶级医学期刊的学术影响力现状分析

根据 2018 年 6 月《SCI 期刊引用报告》（*Journal Citation Reports*）统计，从占比看，世界排名前十位的医学杂志中，英美各占一半。目前世界排名最靠前的是肿瘤医学学科，另一特征是医学与生物科技的高关联性，除位于第 4 位的《化学综述》外，其他都是与科技生物和医学相关的刊物。目前全世界影响因子排名前十位的医学科技期刊分别是：①《CA-A 癌症杂志》，影响因子 187.040；②《新英格兰医学杂志》，影响因子 72.406；③《自然评论·药物发现》，影响因子 57；④《化学综述》，影响因子 47.928；⑤《柳叶刀》，影响因子 47.831；⑥《自然·分子细胞生物学评论》，影响因子 46.602；⑦《美国医学会杂志》，影

① 周海花，华薇娜. 从世界顶级学术期刊看中国科研竞争力——中国学者《自然》和《科学》发文分析 [J]. 情报杂志，2012，31（6）：91-96.

② 王国燕，程曦，姚雨婷. *Nature*、*Science*、*Cell* 封面故事的国际比较研究 [J]. 中国科技研究期刊，2014，25（9）：1181-1185.

③ 朱强，陶华，孙良英，等. 中国 2004—2013 年 *Cell*、*Nature*、*Science* 论文产出状况及国际地位变化分析 [J]. 中国科技期刊研究，2014，25（9）：1178-1180.

④ 赵荣英，全薇. 中国学者在世界顶级期刊的发文分析 [J]. 情报杂志，2016，35（10）：96-99.

⑤ 潘鹤婷，蒋悟生. 基于 Web of Science 的 *Cell Research* 期刊文献计量研究 [J]. 农业图书情报学刊，2016，28（9）：55-60.

响因子 44.405；⑧《自然·生物技术》，影响因子 41.667；⑨《自然评论·遗传学》，影响因子 40.282；⑩《自然》，影响因子 40.137（表 1-1）。

表 1-1　2018 年《SCI 期刊分析报告》（*SCI Journal Citation Reports*）
中外科技期刊影响因子排名（2018 年 6 月 7 日统计）

排名	杂志名称	学科定位	出版机构	总引用	影响因子	特征因子值
1	《CA-A 癌症杂志》 *CA-A Cancer Journal for Clinicians*	肿瘤学	美国	24539	187.040	0.06452
2	《新英格兰医学杂志》 *New England Journal of Medicine*	普通医学和内科	美国	315143	72.406	0.69989
3	《自然评论·药物发现》 *Nature Reviews Drug Discovery*	生物技术与应用微生物学；药理学与药学	英国	28750	57	0.06077
4	《化学综述》 *Chemical Reviews*	化学，多学科	美国	159155	47.928	0.24655
5	《柳叶刀》 *The Lancet*	普通医学和内科	英国	214732	47.831	0.40423
6	《自然·分子细胞生物学评论》 *Nature Reviews Molecular Cell Biology*	细胞生物科学	英国	40565	46.602	0.09573
7	《美国医学会杂志》 *Journal of the American Medical Association*	普通医学和内科	美国	141015	44.405	0.28035
8	《自然·生物技术》 *Nature Biotechnology*	生物技术与应用微生物学	美国	53992	41.667	0.169973
9	《自然评论·遗传学》 *Nature Reviews Genetics*	遗传学与遗传	英国	32654	40.282	0.10240
10	《自然》 *Nature*	多学科科学	英国	671254	40.137	1.43257

注：影响因子计算：两年内总引用次数／总发文章数。

　　除以上排名外，表 1-2 还列出了我国读者比较关注的（也是与本书相关的）一些医学杂志的影响因子。我国自己出版的医学杂志《细胞研究》（*Cell Research*）国际排名第 93 位，影响因子 15.606，是一个令人欣喜的排名。美国《科学》杂志的影响因子为 37.205，世界排名第 16 位；英国《细胞》杂志（*Cell*）影响因子 30.410，位居第 22 位；《科学》杂志旗下与医学相关的子刊《科学·转化医学》（*Science Translational Medicine*）和《科学·信号》（*Science Signaling*）分别位于世界第 83 位和第 421 位，影响因子分别是 16.761 和 6.830。这表明，同一母杂志旗下的子刊之间的影响力也可能存在较大差异。

表 1-2　与本书相关的医学杂志的影响因子

排名	杂志名称	学科定位	出版机构	总引用	影响因子	特征因子值
16	《科学》 *Science*	多学科科学	美国	606635	37.205	1.15823
22	《细胞》 *Cell*	生物化学与分子生物学； 细胞生物学	美国	217952	30.410	0.59398
83	《科学·转化医学》 *Science Translational Medicine*	细胞生物学； 医学、研究与实验科学	美国	22073	16.761	0.12558
93	《细胞研究》 *Cell Research*	细胞生物学	中国	11885	15.606	0.03830
421	《科学·信号》 *Science Signaling*	生物化学与分子生物学； 细胞生物学	美国	9495	6.830	0.03996

1.2.2　国际专业医学领域期刊分析

（1）重视内容生产

第一，重视特约稿件，提高稿源质量。稿源保障质量，国际顶级期刊在稿件质量方面的做法有很多可借鉴的地方。全球排名第一的美国《CA-A 癌症杂志》（*CA-A Cancer Journal for Clinicians*）充分发挥美国癌症学会（American Cancer Society）的优势集中组稿、约稿，只刊登自己的特约稿件，从而从源头上保证了学术的权威性和前沿性。例如，2016 年 1 月 25 日该杂志刊登了中国学者赫捷和陈万青的论文《中国癌症统计，2015》，论文以大数据分析了 2000—2011 年中国癌症发病状况，使世界癌症科学研究中有了来自中国的大数据。这些数据背后的故事是：早在 2015 年，该杂志就刊登了 2 篇论文，即《癌症统计，2015》（*Cancer statistics，2015*）和《全球癌症统计，2012》（*Global cancer statistics，2012*），从而形成了一个系列。但是令人遗憾的是，这些研究中缺少来自中国的数据，而缺乏作为世界人口大国的中国的相关数据对于世界癌症研究来说是一大缺憾。《CA-A 癌症杂志》想让世界看到中国的癌症报道，于是他们向中国发出了邀请，在其指导下《中国癌症统计，2015》问世，分析数据跨度之长、覆盖面之广弥补了世界癌症研究史上长期以来中国癌症统计研究的空白。这篇论文充分体现了《CA-A 癌症杂志》编辑的眼光，对提高其影响力有不可忽视的作用。可以想象，这篇论文如果是在中国的医学杂志上发表的，那么，该杂志将创造一个历史。遗憾的是，我们的编辑缺乏这样的眼光，也缺乏和我国癌症专家互动的能力。

第二，重视原创研究，拒绝重复复制。为了保持发文的原创性，顶级期刊不惜拒绝大量与刊物宗旨不符或缺乏原创的、跟风重复的文章。全球排名第 5 位的《柳叶刀》（*The Lancet*）全球拒稿率高达 97%，采稿率仅为 3%，中国学者每年能登上《柳叶刀》杂志的原创性研究只有 3～4 篇。全球排名第 16 位的美国《科学》杂志稿件接收率也不到 8%。

从源头上保证稿件的质量、坚持原创性是国际顶级期刊坚持自我的初衷，最后成就了伟业。《科学》杂志集结 25 位具有博士学位的编辑以及 120 多名来自各学科领域的顶尖专家组成编辑团队，所有来稿必须经过严格同行评审，保证了高品质、高影响力的办刊目标。英国《柳叶刀》杂志以"最好的科学是为了更好的生活"（The best science for better lives）为口号，200 年来坚持自己的办刊宗旨，发表可引发医学实践变革的高质量临床试验（clinical trials）。在此基础上，作为临床杂志的《柳叶刀》倾向于常见病和多发病研究，不考虑内容过于专业的论文。即便是 2017 年新上线的《柳叶刀·儿童青少年健康》也不改初心，和其他成员一样，坚持强烈的临床意识，只接收能直接影响临床决策和儿童健康的各类稿件。《柳叶刀》还特别欢迎中低收入国家的稿件，尤其是那些有潜力改善资源匮乏地区儿童健康的原创研究。

再如，肿瘤学科是目前整个医学领域与基础研究结合最紧密的领域，同时也是现代医学发展、新技术新疗法转化最快的领域。《CA-A 癌症杂志》主要发表高水平数据和来自临床试验的肿瘤综述，能够进一步吸引学术关注。综述类文章受关注度高，被引次数多，引用次数又进一步提升了杂志影响力，形成良性循环，这一良性循环极大地推动了医学杂志的发展和影响因子的提高。

（2）多样化的论文呈现

第一，突出综述类文章。顶级医学杂志的栏目设定各有特色，但总体而言，综述类文章在各个杂志都占有重要地位。综述是《CA-A 癌症杂志》的主打栏目，每期 2～5 篇综述。该杂志拒绝接受罕见病例和专业化程度很高的个别药物疗效信息，主要发表高水平数据和来自临床试验的肿瘤综述。此类稿件要求讨论典型性的癌症病例、治疗方案或癌症预防和早期发现方面的重要问题。2016 年，该刊全年发表综述 13 篇，几乎和研究论文数量相同（13：14）。肿瘤领域是现代医学发展、新技术新疗法转化发展最快的领域，与基础研究关系也最为紧密，综述类文章因传承性、前瞻性和信息量大而广受关注。此外，每期还有 2～5 篇由编委或编辑打造的服务类综述文章，为同期刊发的主要论文服务。据统计，《CA-A 癌症杂志》2016 年度综述类文章的引用率高达 172.8%，远远超出研究性论文 90.4% 的引用率。这种高引用文献模式带动相关论文的联动和高关注率，因此提高了整个杂志的影响因子。

对比我国《中华医学杂志》英文版，综述类论文占全部刊文的 9%，说明国内刊物也重视研究综述类稿件，但与国际顶级期刊相比，我国综述类论文质量和数量都有待提高。综述类文章具有高度的概括性和导向性，为科学研究提供不可或缺的路线图。因此，应该高度重视高质量的综述类文章的组稿和刊发。

第二，高瞻远瞩，勾连今昔编辑文稿。除综述类论文外，国际期刊也很重视自身的社论。除了提升期刊影响力，社论类文章还降低了学术的专业性，增强了可读性，增添了学术期刊的魅力。《科学》杂志的子刊《科学·信号》每期发文 7～10 篇，除了"论文"这一核心版块，"编辑推荐"（*editors' choice*）也是该刊的亮点。《科学·信号》每期 1 篇编辑推荐，构成了一道独特的期刊风景——编辑的声音，是一个很有特色但很少引起我国研究者注意的栏目（表 1-3）。以《科学·信号》2018 年第 1 期（第 11 卷第 511 期）出版的编辑推荐为例，全文仅 125 字，编辑重点推荐本期刊发表的研究论文，但是在引介核心论文的同时，还把《科学·信号》上曾经发表过的其他相关论文及其评介一起做了简明介绍和评析，并提供了所有论文的摘要、全文与谷歌学术链接。这种承上启下、关联今昔的推介，勾连了此项研究的过去与现在，对今后的研究会有清晰的引导作用。另外，《科学·信号》每篇研究论文后都有一个编辑总结（Editor's Summary），也是一个很有特点的栏目，用一句话概括了论文的核心内容，对理解论文起到了画龙点睛以及联结作者和读者的作用。我国的科技期刊一般没有这个环节，存在科研论文与读者之间的距离感或脱节感，降低了论文的关注度和引用率，影响了期刊的影响力。

表 1-3 《科学·信号》2018 年最新刊文栏目列表

出刊日期	《科学·信号》栏目及发文篇数						总计
	封面故事 Cover Story	关注焦点 Focus	编辑指南 Editorial Guide	研究论文 Research Article	论文综述 Review	编辑推荐 Editors' Choice	
2018-01-02	4		1	3	1	1	10
2018-01-09	3			3		1	9
2018-01-16	3			3		1	7
2018-01-23	3			3		1	7
2018-01-30	4	1		3		1	9

（3）开放多元的经营理念

第一，免费发稿。国际顶级期刊有其独特的经营模式和管理理念。美国《科学》杂志是享有国际盛誉的综合性科学周刊，全年共 51 期，全球发行量超过 150 万份。《科学》以"发展科学，服务社会"为办刊宗旨，其经营资金来源共有 3 部分：美国科学促进会的会员费、印刷版和在线版的订阅费、广告费。《科学》杂志是综合性科学杂志，自办刊以来积累了大量的文献资源，内容涵盖各个学科。同时，《科学》具有科学新闻杂志和学术期刊的双重特点，科学新闻报道、综述、分析、书评等都是权威的科普资料，也适合一般读者阅读。这些宝贵资料的印刷本和线上服务也成为其经费的主要来源。该刊 1880 年由爱迪生投资 1 万美元创办，1894 年成为美国最大的科学团体"美国科学促进会"（American Association for the Advancement of Science，AAAS）的官方刊物。长期以来，为了发表最好的原创性论文、综述、最新研究动态和科学政策分析，《科学》杂志不向读者收取审稿、评论、发表的相关费用，免费发表来稿。

第二，独立经营。顶级期刊都有自己的发行渠道，《CA-A 癌症杂志》由约翰·威利父子（John Wiley & Sons）出版公司负责出版。《柳叶刀》由爱思唯尔出版集团出版发行。自 1823 年 10 月 5 日第一期出版以来，《柳叶刀》杂志始终保持其独立性和权威性，未曾加入任何一个医学或科学组织。尽管现在隶属于爱思唯尔出版集团（该集团还拥有 Cell 等期刊），但是为确保编辑质量精益求精，编辑具有独立性，编辑部可以撰写独立社论。爱思唯尔公司负责经营业务。因此，《柳叶刀》的运作模式是编辑内容独立，商业由运营公司推动，各司其职。此外，《柳叶刀》的所有编辑都是全职编辑，而很多其他杂志的编辑并不是全职编辑。我国国内许多期刊编辑可能还要参与商业运营，有时候这会给他们的工作造成压力。

第三，服务到位。顶级期刊都有支持临床研究者有效利用丰富宝贵的临床资源的成熟体系。比如《柳叶刀》为研究临床的医生提供统计学专家、流行病学专家的支持，这些专家可以和医生一起讨论最佳研究方法的设计，以弥补医生在治病或者发现重要临床问题时，样本量计算或寻找最佳验证方法方面的知识不足。《柳叶刀》邀请统计学专家参与审稿。在《柳叶刀》的网站上，设有统计学专栏，专门为受众提供统计服务。这一点值得我们借鉴。此外，《柳叶刀》专门在纽约、北京和伦敦三地设立快速审稿通道（Fast Track），试图尽快发表重要的，尤其是能改变临床实践的研究。比如在 2016 年，《柳叶刀》把随机对照研究（RCT）列为当年的重点研究对象，此类稿件就可通过快速审稿通道进入快速评审。对于这类文章，编辑会在 24 小时内给出回复，评议人员评议的时间只有 2 个工作日，稿件可以不走编辑部讨论会的投票程序，而是由专门小组决定是否值得做快速处理，然后直接将意见呈给主编，保证文章用最快速度发表。我国学者就曾受惠于这种服务。2016 年 10 月，《柳叶刀》中国专刊发表了中山大学肿瘤研究中心张力教授团队联合全国 22 家肿瘤中心开展的一项复发转移性鼻咽癌的随机对照 3 期临床研究。鼻咽癌治疗是中国的优势学科，因其研究会改变复发或转移性鼻咽癌的临床实践，此项研究的成果被作为复发或转移性鼻咽癌的标准化疗方案写入国际指南。成功的经验是他们在研究方法上抓住了优势，投稿、修改过程也非常专业、快捷。

《CA-A 癌症杂志》借助互联网平台，使读者可以即时获取医学杂志的过刊，追逐医学发展的历史，寻求特殊病例的经验。这种以贴近读者、提供服务为特色的优质服务，既方便了读者，也拉近了刊物与读者的距离。

第四，重视人文关怀。作为学术期刊，学术性拥有不可置疑的地位，但医学期刊作为与生命密切相关的科学期刊，其人文因素也是不可小觑的要素。《柳叶刀》刊物名称"柳叶刀"在英语中也有"尖顶穹窗"的意思，寓意让智慧和真理的光芒照射进来。2017 年，《柳叶刀·儿童青少年健康》上线，追根溯源，一切与其人文精神相关。2003 年，《柳叶刀》发表了全球第一篇 5 岁以下儿童生存报告。全球每年有 1000 万名儿童在 5 岁生日到来之前不幸夭折，《柳叶刀》称这是"全球公共卫生的灾难"。2007 年，《柳叶刀》又发表了第一篇关于"青少年医学"的文章，当时这还是一个新概念。2016 年，《柳叶刀》联手 4 所世界顶级高校成立了"我们的未来"委员会，呼吁人们关注全球 18 亿儿童与青少年健康，并为此采取行动。从营养不良到包括艾滋病（AIDS）在内的各种感染性疾病，还有普通教育与性教育、未成年孕产、心理精神健康等问题，都属于《柳叶刀·儿童青少年健康》刊发的内容。《柳叶刀》就是这样表达对儿童健康的关注的。

第五，具有全球视野。《柳叶刀》杂志创始人托马斯·魏克莱在创刊初期定下"信息、变革、娱乐"的目标，现任主编霍顿延伸了托马斯·魏克莱的想法，加上了"立志"（Aspire）和"激励"（Inspire）两条。霍顿说，"在 21 世纪，我们生活在一个相互关联依靠的世界。影响人类健康的诸多因素，诸如非感染性疾病流行、大气污染、环境改变……是所有社会形态下的全部国家共同面临的问题，因而真正的改变也只能是从全球的角度去看待和解决这些问题"，"而在这方面，《柳叶刀》所要做的，正是推动这一过程——倡导全世界的科学家们行动起来，共同工作，用科学的方法和结论，向卫生政策、甚至国家政策的制定者传达明确的信息，帮助他们做出正确的、真正能够改善国民健康的决定"[①]。2010 年，《柳叶刀》在北京设立了亚洲办公室。8 年来，《柳叶刀》和中国的合作日益紧密，除了发表中国医疗工作者具有世界一流水平的临床研究成果，每年都会出版中国主题的专刊，深入关注中国临床医学研究最前沿和最具突破性的研究，公共健康问题、环境问题以及医疗改革问题。2017 年开始，《柳叶刀》和中国医学科学院联合举行医学科学峰会，为中国医疗工作者，尤其是年轻学者提供学术交流的国际化平台。随着中国医疗学术研究工作水平的进步，如今中国作者以每年 1000 篇的投稿量成

---

① 医学论坛网.《柳叶刀》对话《论坛报》[EB/OL].［2014-07-15］. http://www.cmt.com.cn/show/index/2275.

为《柳叶刀》仅次于英国和美国的第三大投稿来源地。

（4）"互联网＋"时代服务意识的提升和更新

在互联网时代，便捷的资源带来了知识的丰富和细化，新技术推动医学日新月异的发展，而科技进步也给医学杂志带来了大展身手的机会。21世纪成为医学杂志有史以来发展最快的时代，互联网时代的国际顶级医学杂志借助各自的优势，在新媒体时代打出了自己的新天地。

第一，尽显"筷子"效应和"拳头"模式。近年来，线上杂志如雨后春笋般上线，这些线上杂志全部以《柳叶刀＋》命名，以保持其品牌效应，保持其类似的高水平同行评审和出版标准，为《柳叶刀》家族锦上添花。《柳叶刀》从2000年起与时俱进，锐意进取，不断创立姊妹期刊，形成了一个枝繁叶茂的期刊家族（表1–4）。2014年，《电子生物医学》（EBioMedicine）杂志上线，为转换生物医学研究成果提供了优质、开放的黄金访问场所。2017年，《柳叶刀·儿童青少年健康》上线，表达了对欠发达国家和地区儿童卫生事业的高度重视。2018年，《电子临床医学》（EClinicalMedicine）上线，旨在鼓励原创研究，提供优质临床研究的开放平台。

现在，《柳叶刀》除主刊外，还有15个子刊，这些子刊拉住了优质稿源，很多编辑觉得不适合主刊的投稿就会推荐到子刊上去。这种做法抚慰了投稿者受伤的心灵，最重要的是，凭借品牌效应，这些子刊从一开始就有先天优势，由于很容易接触到好文章，影响因子很容易就蹿到很高的位置，因而在专科领域的影响力非常强，许多子刊的影响因子甚至高于我国国际排名靠前的《细胞研究》杂志（15.606）（表1–2）。同时，它们在西马戈科技期刊排名（SCImago Journal Rank）中的排名也很不错（表1–4）。因此，互联网时代医学杂志最大的特点是不再单打独斗，而是家族作战，显示"筷子"效应。

《科学》杂志也是如此。Science Online是《科学》杂志的网络数据库，涉及生命科学及医学、各基础自然科学、工程学以及部分人文社会科学。以"线上科学"为龙头网站，《科学》杂志打造了一个子刊群：①《科学》周刊（Science）；②《今日科学》（Science Now）；③《科学快讯》（Science Express）；④《科学·信号》（Science Signaling）；⑤《科学·转化医学》（Science Translational Medicine）；⑥《科学》过刊库《科学经典》（Science Classic）。《科学经典》为读者提供从创刊年（1880年）至1996年所有过刊文献。在《科学》官方网站上，读者可以直接查阅从19世纪末到目前为止的文献，包括对人类基因组、乳腺癌和结肠癌的基因及物理学中对玻色爱因斯坦冷凝物的研究。《科学经典》和《科学》周刊两部分共同组成《科学》的经典集合。《科学》网站还连通科学和服务，构成立体的网络世界，这种"拳头"作战模式很值得深入地研究。

表 1-4 《柳叶刀》家族信息统计

序号	名 称	影响因子	创刊时间	西马戈科技期刊排名 SCImago Journal Rank（SJR）
1	《柳叶刀》 *The Lancet*	47.831	1823	14.934
2	《柳叶刀·儿童青少年健康》 *The Lancet Child & Adolescent Health*	/	2017-08/ 线上	/
3	《柳叶刀·糖尿病与内分泌》 *The Lancet Diabetes & Endocrinology*	19.742	2013-09	9.705
4	《柳叶刀·胃肠病与肝病》 *The Lancet Gastroenterology & Hepatology*	/	/	2.670
5	《柳叶刀·全球卫生与健康》 *The Lancet Global Health*	17.686	2013-06	8.756
6	《柳叶刀·血液学》 *The Lancet Haematology*	7.123	2014-09	5.980
7	《柳叶刀·艾滋病》 *The Lancet HIV*	9.842	2014-09	5.932
8	《柳叶刀·传染病》 *The Lancet Infectious Diseases*	19.864	2001	9.963
9	《柳叶刀·神经病学》 *The Lancet Neurology*	26.284	2002	11.964
10	《柳叶刀·肿瘤学》 *The Lancet Oncology*	33.900	2000-09	16.085
11	《柳叶刀·行星健康》 *The Lancet Planetary Health*	/	线上	/
12	《柳叶刀·精神病学》 *The Lancet Psychiatry*	/	2014-06	5.247
13	《柳叶刀·公共卫生》 *The Lancet Public Health*	/	线上	1.824
14	《柳叶刀·呼吸医学》 *The Lancet Respiratory Medicine*	19.287	2013	7.746
15	《电子生物医学》 *EBioMedicine*	/	2014	2.895
16	《电子临床医学》 *EClinicalMedicine*	/	2018	/

注：本数据来自爱思唯尔网站 2017 年统计。

第二，提供细分化的杂志网站服务。以《CA-A 癌症杂志》为例，杂志本身有其独立的网站（http://caonline.amcancersoc.org），以多种形式免费提供所有论文，网站上的栏目除体现纸质期刊的特点外，还有一些贴心服务的网站栏目，如重要论文（Highlighted Papers）栏目推介重要科研论文，文章（Articles）栏目分为最新（most recent）和最多引用（most cited）两个部分，观点（Perspective）栏目旁设置统计数据（Statistics），还有最新期刊（Recent Issues）栏目便于读者方便快捷地阅读最新期刊内容。网站还设置了一些建立期刊、网站与读者联系的项目，被归纳在更多资讯（More from This Journal）栏目之下，如新闻、感谢读者（Thank You to Reviewers）、预防、早期发现、生存指南（Prevention, Early Detection, and Survivorship Guidelines）、患者之页（Patient Pages）、生存虚拟问题（Survivorship Virtual Issue）、美国最佳癌症协会期刊（Best of the American Cancer Society Journals）、乳腺癌意识虚拟空间（Breast Cancer Awareness Virtual Issue）、工作（Jobs），等等。这种以贴近读者、提供服务为特色的优质服务，既方便了读者，也拉近了刊物与读者的距离。

第三，提供高度可视化的视觉享受。互联网时代的杂志正在越来越多地运用高科技手段展现传统媒体难以表达的抽象的科学发展，可视化手段就是其中之一。封面故事（Cover Story）是美国科技期刊非常有特色的栏目之一，也是与我国期刊差别最大的地方。《科学·信号》每期有3～4篇封面故事，比重与科研论文相同，足以说明可视化信息在科学传播中的意义。"科技期刊封面作为期刊及科学成果展示的第一要素，是读者打开和接受杂志的一扇窗。在读图时代，人们对科学视觉传播的需求日益扩大"[1]；"一个成功的期刊封面与失败的封面对一本杂志的影响力相差20%"[2]。这一特点引起了我国研究者的重视，王国燕等（2013，2014）对 Nature、Science、Cell 等国际顶级科技期刊封面故事进行了详细研究，指出科技期刊的封面故事图片兼具科学美和艺术美，对于科技成果的传播具有重要作用。以上作者认为科研成果的视觉表达属于科学可视化与传播学的新兴交叉领域；前沿科学发现通过图像视觉表达可以第一时间获得极高的关注度和影响力。我国顶级期刊封面设计与国际顶级期刊有一定差距，与我国蒸蒸日上的科研水平形成反差，应该把中国顶级科学成果以可视化的传播方式讲述出来。

（5）学术社交化和共享化

大多数期刊采用的影响因子、F1000 等经典的指标不能反映论文被受众评论和分享的情况。《柳叶刀》为旗下所有杂志的文章提供了阿尔特量度（Altmetric）评价指标。与传统的论文指标相比，Altmetric 评价指标是网络社会化大背景下的产物，主要了解论文的认可程度和分享讨论程度。Altmetric 评价指标是一个新兴的评价指标，用于了解网络文章的分享关注度情况。在社交媒体上，除了论文引用情况，人们可能更关心其他科研人员对这篇文章的态度。Altmetric 评价指标就是这样一个指标。以《柳叶刀》上浏览量最多的一篇与中国相关的文章 China's

---

① 王国燕，姚雨婷，程曦. 顶级科技期刊封面故事及图像创作者的案例研究——以 Nature、Science、Cell 为例［J］. 编辑学报，2013，25（6）：534-537.

② 王国燕，程曦，姚雨婷. Nature、Science、Cell 封面故事的国际比较研究［J］. 中国科技研究期刊，2014，25（9）：1181-1185.

medical research integrity questioned 为例。这篇文章的 Altmetric 分数是 130，表明该文章具有很高的关注度。打开这篇文章的 Altmetric 页面，可以看到此文被 *International Business Times* 报道过 1 次，在推特上有 178 个人评论或者转载过这篇文章，关于这篇文章的推文有 184 篇。为何受到如此多的关注呢？原来这是一篇关于科研诚信的文章。文中说中国是继美国之后发表文章最多的国家，但是科研诚信仍将是老大难问题，所以引发网友的讨论。因此，这篇文章分享度高的原因也就一目了然了。

读者分享评价是"互联网+"时代的一种趋势，将来在社会化媒体占据优势的情况下，越来越多的杂志或者出版社可能会加入 Altmetric 评价，相信将来 Altmetric 评价指标会成为评价个人论文最重要的一个指标。

1.2.3 对我国医学类科技期刊发展的建议

国际顶级期刊具有独特的办刊特色、专业的编辑队伍和吸引最好研究成果的品牌效应，他们长期以来积累的丰富资源对我国医学类科技期刊的发展具有良好的借鉴作用和引领作用。我国在互联网技术蓬勃发展和国家宏观经济政策积极向上的大好形势下，应该积极采取行动，深入研究国际期刊的未来走势，主动融入、积极参与国际医学改革和科技发展，为我国医学发展开辟道路。

第一，提炼独特的办刊特色。我国医学类科技期刊应该认真总结创刊以来的成功经验，提炼刊物发展过程中逐渐形成的办刊特色，使其系统化、制度化。例如，国际顶级期刊《柳叶刀》坚持初心、专注临床、最后成就伟业，对我们来说是宝贵的经验，它启示我们应该脚踏实地，走自己的路，不要追逐潮流，趋向高精尖。《柳叶刀》的经验告诉我们，中国学者必须不断加强国际合作，在合作中积累经验，不能"单打独斗"。同样，中国的医学期刊也要和中国学者站在一起，谙熟国际期刊规则，共同创出自己的特色刊物。

第二，进一步打造专业的编辑队伍。国际顶级杂志编辑专业素质高，具有独立组稿和审稿的自由，他们参与杂志创作的程度很高，编辑以"专家+编辑"的"自己人"或"圈内人"的身份参与编辑工作，以专家身份把自己对科研成果的认识融入杂志之中，站在科研最前沿发挥学科引领者的作用。他们作为医学专家和科学向导向大众传播最新科学研究成果，而不是以"编辑+专家"出版人身份出版"别人"的成果。中文期刊中编辑往往位于幕后，其作用受到忽视或弱化。我们的编辑往往与作者和读者保持距离，期刊很少为作者提供最新科研信息，作者常常需要以极度敏锐的科研能力去捕捉期刊的心理期待，而美国《科学》以"Science：展望 2016 研究热点与非热点（生物类）"为题直截了当地告诉受众新的一年应该做什么、不需要再做什么，因而避免了不必要的跟风重复。这一点特别值得我国科技期刊编辑队伍学习和借鉴。由此可知，打造专业的编辑队伍也是我国科技期刊未来应该重视的问题之一。

第三，改革学术评价标准和体系。学术评价标准和体系改革势在必行。我国的学术评价体系往往与职称挂钩，在职称评定中，只认可第一作者和通信作者，导致医学学者很难以长期合作的模式形成团队优势，也缺乏成熟的支撑体系为医学工作者提供统计学、流行病学等方面的技术支持，使其科研完整化、科学方法最优化。期刊评价也多以影响因子作为衡量标准，事实上，评价期刊的方法多种多样，本书重点介绍了其中的 3 种，特别推荐在新媒体体系下，改革期刊评价体系和标准的分享型评价——Altmetric，以期在不久的将来，我国能用新的评价体系来评价我们的学者和期刊，实现习近平主席所倡导的"为科研工作者松绑"的愿望。

第四，重视对新媒体的投入。科技期刊的创新和服务应该是今后我国医学期刊重点关注的焦点。国外期刊的网站服务为国内科技期刊的发展提供了大量的经验，我国应该重点关注传播方式和手段的创新。例如，《科学》杂志的网站为网友提供了一个链接王国，便利性超出想象，构成了一个互联互通的立体世界，远远超出了数据库资源的单一功能。我国期刊在这方面远远落后，但是，如果说我们在纸质时代落后了，也绝不应该在互联网时代再落后，因为互联网是我们的现在和未来，我们应该学会在互联网时代应用科学技术来办期刊，也要学会应用科学技术为科研及科研工作者服务，这一点正是习近平主席提出并倡导的。各级主管部门和领导应该组织力量，加大新媒体投入，带领我国科技期刊走进新时代。

第五，重视品牌效应，促进资本运营。品牌效应带来期刊效益，只有在大众认可的情况下，杂志才能创造价值。作为世界上人口最多的国家，我国医学期刊应该创出具有国际水平的品牌期刊。例如，把具有国际知名度的《中华医学杂志》打造出别人无法取代的中国特色，为我国人民的健康服务，同时学习《柳叶刀》的国际情怀，办出为我国人民乃至全人类服务的医学杂志。又如，我国的医学杂志，如《细胞研究》也已经具有国际水平和国际知名度，我国学者在国际知名期刊的发文量也在逐年上升[①]。因此，在吸引国际科研成果方面，我们应该学习美国《CA-A 癌症杂志》的做法，面向全体医生学者约稿，同时学习《柳叶刀》的经验，加强自己的临床研究科研队伍，为研究者提供辅助性科研服务。当我国的医学水平和期刊水平都具有国际水平时，我们的资本运营也会走上良性循环的轨道。

在"互联网+"时代，"品牌效应+互联网+"成为国际顶级期刊的发展模式，

---

① 赵荣英，全薇. 中国学者在世界顶级期刊的发文分析 [J]. 情报杂志，2016, 35（10）：96-99.

方便、快捷、开放、创新的科技发展环境将使医学期刊更有利于促进科研和增进人类福祉。如果我们共同努力，这一天将为时不远。

1.3　中外专业类学术期刊服务能力对比研究 [①]

1.3.1　研究背景

科技专业期刊作为传播科学技术的载体，在推动科技成果转化和促进行业技术进步方面具有重要意义。国外众多专业出版集团在聚焦学科、经营运作、服务读者和作者方面都展现了独有的传播优势。近年来，国内期刊领域也涌现出了一批科技出版物和出版集团，以专业类期刊定位的出版企业和优秀出版物纷纷进军我国的学术出版领域，并在所属学科内发挥学科优势和行业优势，以文化传播促进产业提升，以刊物的社会影响力促进企业良性发展，在将企业技术和产品推广至各行各业的同时，仍不忘塑造自身品牌，成就企业辉煌，产生了良好的社会效益和经济效益。国内部分出版集团走在专业化出版的前沿，为科技期刊界提供了成功商业模式的样板。

对于专业期刊出版企业来说，好的商业模式可以使企业将内外要素有效整合，形成完整、高效、独具核心竞争力的运行系统，并通过提供优质出版物和有效的出版服务，让企业保持学术成果的最佳产出、科研成果的有效转化，进而指导产业化实践。可以说，良性的企业发展策略，决定了学术出版形态和出版物内容属性；新兴技术孕育着学术话语的表达，牵动着期刊出版的命脉。在国际学术出版日趋专业化的背景下，出版企业如何成功向优质专业出版集团转型、为科技成果转化增添动力、为科技行业注入活力，是每个科技工作者和出版编辑人员亟须思考的问题。

1.3.2　国内专业期刊规模效应分析

（1）以刊群建设，引领学科发展

科技期刊在学术交流中表现了它独特的引领作用和科学价值。随着科技的不断进步，专业期刊凭借先进的技术手段和创新理念，在学术成果生产和促进成果转化过程中发挥了日益重要的作用。科技专业类期刊在国外的众多出版商及行业学协会承载的办刊模式下，已经全面适应网络化、数字化的环境，形成了一定规

[①] 本节主要执笔人为清华大学出版社期刊中心徐欧。

模的"大类期刊"，且专业划分标准明确，市场细分较完善，定位较清晰。借助于国外科技期刊的"集群式"传播方式，我们的专业期刊是否也能够适应学术交流的需要，努力扩大自身规模，实现规模化的经营模式，是期刊界应当思考的问题。要实现这样的转变，出版企业应当从传播方式、传播载体、办刊理念、评价方式和出版模式等方面做出改变①。做出转变的同时，也应当理性思考规模化的传播方式如何能够长久适应我国科技发展需要，以及新的形式如何适应于国情本身并服务于建设和发展。

规模化是实现我国新闻出版资源优化配置的重要手段，是科技期刊体制改革与发展的重要目标，同时也是科技期刊出版单位做大做强的必由之路。② 近些年来，国内的专业期刊也一直在寻找新的办刊模式和良好的经营模式。在产品布局上，由点到线、由线到面，合理利用传统期刊在学科建设中的优势，发挥重点学科自身特色，利用细分化、差异化的方式为行业提供全方位服务。刊群战略的实施，不仅能够提升出版物的业内知名度和传播影响力，而且通过集中优势、资源共享的方式，使出版业实现规模化出版、集约化经营和集团化管理。

20世纪90年代以来，国内的一批优秀出版企业陆续出现并占领中国市场一隅，不断进行企业探索和实践，试图通过刊群建设，促进资源优化配置，加快规模化发展的步伐。

以"卓众"为典范的科技出版企业，是我国第一家成功实现转企改制的科技期刊出版企业③。作为一家拥有24刊1报的国家文化体制改革试点单位，卓众出版的众多报刊内容涉及汽车、工程机械、农业装备、机电设备、文化社科等多个专业领域，很多期刊的行业影响力和品牌知名度在国内同类期刊中位居前列。相比于众多其他汽车类期刊，卓众的汽车类杂志在数量、规模及产业链覆盖方面可谓独树一帜；此外，在新媒体及各类知识服务快速遍及出版物生产和流通环节的今天，卓众也已发展成为结构优化、具有一定规模和实力的集团化报刊出版企业。在国外出版市场规模及效益不断壮大的今天，卓众在体制创新、理念创新、产品创新、经营创新等几个方面均展示出了本国出版集团的优势，近些年取得了较好的社会效益和经济效益，代表了中国自己独有的出版集团运营模式，同时也获得了管理部门、行业内和读者的高度认可。20多年来，正是由于坚持走刊群路线，卓众出版获得了超过行业平均水平的发展速度，从一家仅仅出版2本涉农期刊、

---

① 赵大良，刘杨，苗凌. 应学术交流而生　为学术交流而变——谈科技期刊的价值体现［J］. 编辑学报，2011，23（2）：95-98.

② 刘泽林. 探索刊群模式　促进规模发展——卓众出版的刊群建设实践［J］. 编辑之友，2010，22（5）：428-431.

③ 张品纯. 行业期刊助力行业科技创新的实践与思考［J］. 科技与出版，2018（9）：31-36.

年收入不足百万元的二级出版单位，发展成为旗下拥有多个刊群、年收入逾 2 亿元的科技报刊出版集团。

（2）借助传统刊物资源，培育专业刊群

卓众在期刊专业集群的路上不断探索和实践，打造刊群是其规模化的有效途径，以此扩大出版与经营实力，实现科技专业期刊产业化发展。这有赖于企业对期刊结构调整、人才资源优化、管理规模化等几个方面的重视。

20 世纪 90 年代以来，跨行业办刊和刊物拆分孵化是企业实施的重要战略。[①] 起初，卓众仅有 2 本农业期刊，涉足行业单一，数量又少，难以抵抗风险。由于对行业整体环境和自身资源状况做了科学评价，公司决定向农机行业相关的汽车领域拓展业务。20 多年的时间里，公司先后创办并改造了 7 本汽车期刊，形成了当时国内最大的汽车刊群，公司在这一专业领域精耕细作，进行市场细分，集中优势实现规模化出版、集约化经营和集团化管理。要实现这一目标，资源合理配置至关重要：以传统老刊所固有的编辑资源、客户资源、专家资源带动新刊的培育和成长，使刊物尽快进入良性循环的轨道，同时大大降低了经营风险。这在一定程度上为期刊实现规模化提供了一方沃土，公司逐步实现了规模扩大、数量增多、效益提升的持续动态发展。

卓众树立的汽车类刊群，从特色栏目定位到形成品牌期刊，其间，依托的是其珍贵的行业资源优势。《车主之友》是卓众出版下的一本具有代表性的汽车时尚类杂志。2000 年前后，适逢轿车进入家庭，《车主之友》应运而生，成为受众喜闻乐见的机车类期刊，也是国内第一本将汽车知识、时尚生活、汽车文化、应用、购车指导完美融合为一体的期刊。刊物在品牌经营上有着自身特色，打造了专业期刊品牌建设的独特优势。由于《车主之友》的一档名叫《越野车》的栏目很受欢迎，于是在此基础上孕育出了《越玩越野》的期刊，成为当时国内第一本被正式审批的专业越野类期刊，最终定位为我国第一本针对越野车和越野文化的高端杂志，目前发展态势良好。诸如此类的衍生产品还有很多，卓众出版之所以在新的时代下能够迅速成长不断扩大，在很大程度上依靠的是资源。这里所说的资源，即包括稿源、客户和渠道、资金资源和行业资源等方面。资源的培育是一种期刊能够立足与成长的关键，新刊在创办阶段方面不仅需要依托老刊的资金来源，更重要的还有行业资源，依靠期刊在同一行业内的产品细分，借助传统刊物的行业资源，新刊才能迅速打开市场，根据自己的定位聚焦读者群与客户群。当初创办《车主之友》时，主编和经营人员都是从《汽车与驾驶维修》编辑部中抽出的精兵

---

① 第一传媒网. 从期刊群到产品群：卓众出版的集群化发展 [EB/OL]. [2015-10-03]. http://www.1cnmedia.com/study/yjbg/14264.html.

强将，他们很快将《车主之友》带进了快车道。《越玩越野》从《车主之友》的一个栏目发展而来的初创期，在资源方面都离不开它的前身《车主之友》。工程机械及其他行业杂志等科技期刊的孵化过程可以说是如出一辙，如此以"老"带"新"，逐步实现出版企业的规模化发展。

（3）差异化运作，合理布局刊群

如果一味地增加数量，久而久之，势必会导致企业内部竞争加剧、资源分散、内耗增加，最终弱化企业的整体竞争力。差异化是防止企业内部期刊同质化的有效途径，也能够让期刊企业在专业领域内形成核心竞争力，在相关类型的行业期刊中占据一席之地。

卓众出版从一开始就坚持差异化战略，在定位、内容和经营方面最大限度地合理利用资源。这主要体现在"定位差异化""内容差异化"和"形式差异化"。卓众出版的几类汽车期刊往往按照汽车售前、售中、售后的差异化定位原则，在内容上注意把握各类期刊的特点，才使得汽车类期刊能够在专业细分上立足。其中《车主之友》关注车主生活，传达科学用车信息，以其好的内容质量和品牌影响力在汽车市场上建立了良好的声誉；《汽车导购》则定位于为准备买车换车的人群提供方案，重点普及新车知识；《汽车与驾驶维修》定位于汽车的售后市场，刊登汽车维修和保养知识，广受汽车维修技师和普通读者的欢迎；《越玩越野》是国内第一种聚焦越野车的专业期刊，自创刊以来发展势头良好；《商用汽车》更多关注商用车市场，在同类期刊中影响力位居前列；《汽车测试报告》则是定位于偏重汽车测试的一种技术型普及期刊。[①] 差异化定位使得卓众出版的汽车类杂志在刊群内实现了一定程度的互补并凸显各自特色，并形成一种良性竞争与互补的态势，公司的产品线才得以延伸和拓展，彰显集群化优势。

1.3.3　国内专业期刊品牌传播分析

品牌永远是商品占领市场并走向盈利的基础和前提，是成功商业模式的关键要素，品牌的价值一定是依托在具体的产品或无形的服务上。[②] 近年来，专业科技期刊一直在品牌建设、培育、延伸和营销等方面进行研究和探索。行业刊物要在同类市场竞争中求得生存，首先要以文章质量为核心，同时使刊物形成特色风格；避免同质化，具备一定品牌影响力的刊物也要时刻注重品牌营销和品牌的价值延伸，培养忠实的作者和读者群体，并借助互联网和新媒体快速、深入人心的

---

① 刘泽林. 探索刊群模式　促进规模发展——卓众出版的刊群建设实践［J］. 编辑之友，2010，22（5）：428-431.

② 魏莹，栗延文. 打造品牌活动，突破转型期专业期刊的"天花板"之忧——以《金属加工》杂志的活动策划与营销为例［J］. 科技与出版，2013（10）：28-31.

特征，展示刊物的行业特色，从而提升专业期刊品牌的影响力。

对于专业类期刊这一传统媒介来说，其品牌价值体现在为读者提供的内容本身以及一系列服务上。出版商及其出版物品牌的建立对于出版产业链的长久维系有着深远影响。一些国际大型出版集团普遍重视对品牌的塑造、维护和衍生，通过立体多元的品牌活动，例如产品评测、市场研究、教育培训、网络服务、会展论坛等，对外输出品牌。我国经济的快速发展伴随着文化软实力的提升，部分专业期刊也在各自领域内发挥特长，在发展理念和运行模式上务实，面向未来，思考如何保持期刊的长久生命力。

对国内期刊品牌传播的分析，本节选取在金属及材料领域覆盖面较广、影响力较大的专业类刊物《金属加工》作为研究对象，以专业刊物如何服务于一般读者并扩大市场影响的现状作为研究依据，对比国外同类专业期刊在办刊方式和服务模式上的不同，借鉴国际专业期刊独有的办刊理念和经营模式，取其精华。

《金属加工》杂志（原名《机械工人》），由机械工业信息研究院主办，于1950年正式创刊，是新中国成立以来创刊时间最早、面向金属加工工艺及装备领域的专业期刊。杂志创刊号一经出版，便受到广大读者的热烈欢迎，开创了我国出版史上再版印刷的局面。[①] 目前，金属加工杂志社下属有4刊——《金属加工（冷加工）》《金属加工（热加工）》《汽车工艺师》和《通用机械》。《金属加工（冷加工）》作为机床及机床工具、数控系统、模具、制造业软件等金属加工领域的新技术及最新科研成果的发布平台，以其实用性为读者提供了极大便利；《金属加工（热加工）》在热处理、锻压、铸造、焊接与切割专业方面拥有丰厚的科研成果，该刊服务于机械制造、齿轮传动、轴承、紧固件、模具、轨道交通、工程机械、汽车零部件、石油石化、能源装备、压力容器、钢结构、船舶、海洋工程、航空航天及钣金加工等众多领域。刊物各有侧重，各有所长，共同引领期刊成长。刊物以鲜明的主题，紧跟行业发展脉络，跟踪市场热点，报道国内外先进的金属加工技术和优秀企业，为金属加工用户企业的决策者、管理人员、采购者、工程技术人员提供强有力的信息技术参考。每期精心挑选专业读者，有针对性地发行，使期刊受众彰显专业化，为读者带来金属加工领域的及时信息、技术沿革及行业动态，以其出色的市场运作能力成为金属加工领域的首选。

作为一本专业期刊，《金属加工》始终以发行量大、覆盖面广、影响力大而在其领域市场上占据一席之地，以其辉煌的业绩独领风骚，成为金属加工领域深受

---

① 《金属加工》（原《机械工人》）杂志60年大事记（1950—2010）[J]. 金属加工（冷加工），2010（18）：16-23.

读者喜爱的品牌期刊。杂志在创办之初是一本薄而朴素的32开小册子，如今发展成为金属加工领域的优秀刊物，除了编者、作者和读者的共同努力，以及行业本身加速式的发展进程，更归功于时刻塑造企业品牌，关注行业前沿、掌握行业发展动态，及时总结优劣、加快转型等一系列关键举措。

第一，筹备特刊，实现内容信息传播。杂志在内容建设方面强调原创性，注重信息整合。深度价值挖掘是办好刊物的核心。在内容传播方式上，出版单位能够及时获取一手信息并积极组建专栏，并借助网络快速传播的优势，透过专题将期刊在内容深度报道方面的优势体现出来。

2014年,《金属加工》重磅打造了一期特刊《先进节能热处理技术与装备特刊》，内容包括热处理先进节能技术论坛、热处理生产一线先进经验分享、热处理企业节能案例分析、先进的热处理装备及材料推广以及节能热处理装备推介。①其内容覆盖全面，将重要技术、材料装备以及现场经验有机组合起来，并通过在会议活动免费赠阅的方式，扩大期刊宣传渠道；又向从事热处理工作的专业读者赠阅发行2000册建立期刊的读者群，提升品牌形象。

第二，策划广告，加深品牌影响力传播。专业科技期刊的生存依赖于其所在行业，及时提供专业化信息服务，鼓励办刊人员积极参与行业重要活动，关注行业发展趋势，跟踪行业热点。定期策划广告是加快品牌传播的有效途径。广告如果能在业内引起反响，也就变相提升了期刊的品牌影响力。《金属加工（热加工）》在2016年第1期中开辟了广告目次，并附有向读者征集采购服务卡的广告，以便机械加工企业及用户及时获取快捷、适用的产品供应商信息（图1–1）。

《金属加工(热加工)》 2016年第1期广告目次

单位名称	编号	位置	单位名称	编号	位置
西安博大电炉有限公司	1001	封面A	因德特伦精密机械（太仓）有限公司	1904	前彩6
金属加工杂志社		封二A	洛阳三恒感应加热科技有限公司	1992	前彩7
西安机电研究所	1300	封面B	第十六届重庆中环冶金展		前彩8
十堰天舒机电科技有限公司	1947	封二B	第十四届中国国际工业炉博览会		前彩9
天津天高感应加热有限公司	1943	封三	张家港市创典炉窑风机制造有限公司	1532	前彩10
江苏丰东热技术股份有限公司	5098	封底	十堰高周波科工贸有限公司	5096	分隔页A
应达工业（上海）有限公司（熔炼）	1262	前彩1	金属加工杂志社2016订阅广告		分隔页B
无锡绿色热处理设备有限公司	1048	前彩2	金属加工杂志社		I
北京华立精细化工公司	1253	前彩3	保定晶辉电气设备有限公司		III
南京科润工业介质有限公司	1418	前彩4	金属加工在线		V
厦门宇电自动化科技有限公司	5104	前彩5			

图1–1 《金属加工（热加工）》2016年第1期广告目次

① 2014《金属加工》杂志重磅打造——《先进节能热处理技术与装备特刊》. 金属加工（热加工），2014（7）.

第三，"互联网＋读者"加速全媒体传播。2006年，《金属加工》就建立了自己的专业网站"金属加工在线"，领先于大多数科技期刊，在短时间内成为机械领域的专业门户网站，通过发布广告、推广专题等形式实现盈利。自2013年"金属加工"微信公众号创建以来，依托期刊60多年的品牌影响力，其微信粉丝数量也逐年增加。为了更好地利用刊物丰富的信息资源和专业化运营团队的优势，杂志推出3个领域号、7个细分领域专业号。"金粉商城"和"金粉论坛"服务号的推出为期刊带来了可观的经济收入，也聚集了一批"专业化用户"，满足了"金粉"的专业需求，在企业和个人之间建立了多元化专业学习交流平台（图1-2）。

媒介作为内容提供商和推广服务商，其核心价值在于为特定专业领域提供个性化、原创性的信息传播内容，这是现代期刊产业经营的本质。专业媒体所要做的，就是不断开发适应读者需求的产品或服务，进一步提高读者的依赖度和期刊的品牌影响力，有效提升我国专业科技期刊服务能力。

1.3.4 国际专业出版理念与价值分析

（1）出版信息资源整合服务

现代科研人员对集成海量信息、快捷检索的信息平台有着高度依赖性，因

图1-2 《金属加工》APP——金粉论坛

此，优秀的国际科技出版集团为了满足业务发展和完善运营模式，就要构筑集内容和版块于一体、满足机构和个人需求的知识信息服务体系，利用产品创新进行资源整合、扩大规模、提升服务深度、追求层次和效率、持续获得高利润。国际专业出版集团擅长通过资本并购实现规模化，力图业务拓展多元化，这已成为业内的基本规律。他们通过打造数字化信息服务平台并持续创新，实现全球性网络化销售；通过建立战略投资体系等发展路径达到商业扩张的目的；通过集群式的运营模式、精品化的质量保障、信息化的出版流程、和细分化的市场需求，使专业出版商在全球竞争中保持稳定的产业链。

英国 KHL 集团有限公司（简称"KHL"）创立于 1989 年，是在建设和制造业领域处于国际领先的资讯出版商。作为一个充满活力的全球化资讯公司，KHL 为大众提供了种类众多的多元化服务；作为全球权威的工程机械相关信息提供商，KHL 旗下共有 10 种针对各个细分行业的期刊，其中《国际通道》[*Access International*（*AI*）] 是专门针对高空作业平台产品用户及购买者、读者群体制定的一本刊物。作为国际高空作业机械联盟（IPAF）的官方刊物，十几年来，AI 已经成为沟通施工企业和设备租赁企业决策者和采购者的重要桥梁；《美国起重运输机械》[*American Cranes & Transport*（*ACT*）] 创刊于 2005 年，凭借 KHL 对国际起重机及建筑工程市场的关注和了解，*ACT* 成为北美起重机、重型运输和起重行业的顶级杂志。作为特殊运输与起重协会的官方刊物，*ACT* 目前在全球范围内已拥有超过 15000 位业内专业读者，从美国其他的相关刊物中脱颖而出，现已成为北美起重机领域的关键性期刊。它独一无二的内容覆盖了行业新趋势、新产品发展以及安全、保险和法律等相关内容。除此之外，KHL 旗下有关国际建设制造方面的刊物还有《美国叉装设备》（*American Lift & Handlers*）、《欧洲建设》（*Construction Europe*）、《国际拆除 & 回收再利用》（*Demolition & Recycling International*）、《国际建设》（*International Construction*）等。这些刊物均有着明确的专业方向、在建设制造业中起到行业引领的作用。

2018 年，KHL 完成对北美出版公司柴油机与燃气轮机出版集团（Diesel & Gas Turbine Publications Group）的收购，充分彰显了国际专业出版商在资本并购、资源整合方面独具特色。从营业收入来看，这次令人振奋的收购应是 KHL 最大的手笔，3 本全新杂志的创立，以及电子化信息的利用，与 KHL 旗下原有杂志形成了完美契合；更重要的是，几本杂志之间并没有产生竞争。Diesel & Gas Turbine Publications Group 在公路、非公路、固定动力设备、船用发动机设备市场信息出版领域可谓翘楚。集团在其北美发行的杂志《柴油机进展》（*Diesel Progress*）和其在全球范围内发行的杂志《柴油机进展》（国际版）（*Diesel Progress International Edition*）均出版关于建筑、农业、发电、商用车设备版块等信息；而后集团又出版了一本名为《新能源进展》（*New Power Progress*）的全新期刊，期刊专注于发表关于电气、混合动力、新引擎、动力总成等相关领域的文章。同一时期，集团还出版了一本名为《气体压缩技术》（*COMPRESSORtech2*）的杂志，这是一本在气体压缩工业领域领先的国际性杂志。所有杂志的发行量均通过国际商用出版审计（BPA）的审计。如此庞大的并购动作，对 KHL 来说是一个绝佳机会，3 个领先出版物的加入，让 KHL 发展得更迅速，公司在强势刊物策划及运营上更加专业化，通过海量技术和环境变化在发动机装置设计中博人眼球，为全球读者和企业带来可信赖的国际化信息。这种完美的战略组合，巩固了 KHL 作为全球最大的国际建设信息出版商的地位，同时通过利用全球网络办公室、数字化专业技术以及会展版块，KHL 迅速扩大了其核心期刊品牌。

（2）主题出版引领行业发展

国际上众多优秀专业出版商都归属于本专业领域的行业学协会，使得出版商能够在此专业领域内出版高质量的学术出版物，为广大学术团体提供学术资源，这既满足了服务学术科研的基本需求，同时引领了行业技术的进步；一些好的专业期刊能够在本行业内脱颖而出，提供优质的研究成果来指导生产、加工、监督、管理等各个环节的行业实践，实现产业化发展。

英国曼尼出版公司（Maney Publishing，简称 Maney），是目前英国为数不多的独立出版商之一。2001 年，Maney 成为英国材料、矿石和冶金协会（Institute of Materials，Minerals & Mining）下属的出版商，负责出版协会旗下十几种国际知名评鉴性期刊，其中一些刊物还兼具行业指导的作用。例如，Maney 旗下有一本名为《钢铁冶炼》（*Ironmaking & Steelmaking*）的期刊，尽管该刊在 2017 年最新的《期刊引用报告》（*Journal Citation Reports*，JCR）中的影响因子仅为 1.205，5 年的平均影响因子为 1.181，但仅凭数据指标却无法全面反映该刊在工程应用方面的贡献。刊物致力于提供工程中所需产品材料，指导钢铁行业技术。刊物及时发表冶金工程领域最前沿的研究成果，集结了来自国际钢铁组织的一流论文，内容覆盖了钢铁制作全过程、炼铁以及参与其中的相关技术解读，通过对铸造、炼钢、压制、成型和产品的交付等制造运输环节等问题做深层剖析，将技术运用至生产流程。与此同时，文章也包含对监控、检查、质量保证、环境治理等生产管理相关问题的讨论，是一本集钢铁加工制造、产品及应用为一体的专业型刊物；此外，该刊在向读者传递研究资料、展示科技与工业发展，以及解读重大会议中的专家评审等方面均展现出了刊物独有的特色。

主题策划是专业期刊在了解行业动态之后所做的符合现代出版栏目规划、满足读者需求的精准定位，这种定位直接决定了专业期刊的内容划分标准，合理的主题选择和文章布局直接决定了期刊的专业化程度。与国内钢铁业其他科技刊物相比，*Ironmaking & Steelmaking* 更加注重行业本身的进步，通过设立专刊引领行业发展，以专业化研究指导工程实践。*Ironmaking & Steelmaking* 每年出版 2 期专刊——《钢铁世界》(*Steel World*)，该专刊早期是材料协会下面的一个独立刊物，现在它与 *Ironmaking & Steelmaking* 合作，内容包含部分钢铁行业前沿信息，在凸显行业成果特征上展开特别策划，聚焦于炼铁工业的战略性技术发展。专刊阅读量广泛，除了本身是 *Ironmaking & Steelmaking* 的订阅者，专刊还被广泛传递于世界各地的钢铁研究所和高级行业从业者之间，为行业信息传播以及专业知识开发提供了另外一种机会和前景。因此，优质的专业出版物在内容上力求创新是关键，国内部分出版集团也开始通过创办专刊或设置主题专栏突出行业特征，站在技术前沿，以内容为王，实现价值输出，传播本国的专业学术成果。

总体来说，Maney 是定位于钢铁领域内的优秀专业出版商，它的品牌价值体现在能够展示其专业科学素养的优质"内容"上，这是专业期刊在全媒体时代的立足之本，也是建立其品牌权威度和信任度的基础。另外，好的专业类期刊依托于行业本身，能更贴近行业前沿，快速获取行业信息，捕捉新的研究热点，从而加快科研产出，促进成果传播，创造科研价值。国家科技图书文献中心为了资源共建共享、不断丰富现有网络文献资源，购买了 Maney 出版的 37 种网络版期刊在 2008 年 9 月 16 日—2014 年 12 月 31 日的网络期刊使用权，中国大陆地区的任一互联网 IP 地址用户均可通过其设在北京的镜像站点得到免费文献服务。因此，通过网络传播的形式既获得了商业利益，又实现了价值传播，塑造了出版商的国际地位。以专业为指导形成出版特色，以主题为手段打造精品出版物，以行业的力量促进学术传播，是 Maney 在行业内领先的基石。

以 Maney 为代表的国际出版商善于通过与他国之间的合作适时调整出版战略布局，以良好的运营模式获取商业利益，通过专业细分和主题出版，实现品牌价值对外输出，通过行业学会或协会的力量调动最广泛的学术资源，指导行业进步，这也是国际出版商相对成熟的出版模式；国内出版集团在刊物种类和刊群规模上较大型国际专业出版集团仍存在一定差距，但扩大规模只是数量上的表征，一味追求数量并不意味着符合本国发展理念，创新经营理念是出版企业的生存之道，唯有注重行业细分，在行业中精准定位，保证出版质量，发挥行业效力，出版企业才能产出精品，获得良好的社会效益和经济收益。

1.4 国外科学普及类期刊服务能力研究——以《麻省理工科技评论》为例 ①

1.4.1 背景说明

习近平总书记多次强调，"科技创新、科学普及是实现创新发展的两翼"，要把科学普及放在与科技创新同等重要的位置。科普期刊作为科学普及的一种重要手段，肩负着传播科学知识、提升大众科学素养以及为科技发展营造良好社会环境的职责。不同于科技期刊，科普期刊旨在普及科学知识、传播科学方法、宣传科学思想、弘扬科学精神，其主要的社会功能是将专业的、不容易被大众理解的科学知识大众化、普及化，同时，为大众读者提供自己知识领域之外的科学常识，为读者的日常决策提供知识产品和解决方案。按专业性，科普期刊大致可分为科技类、科幻类、医学健康类、军事类和自然地理类等几大类。

本节考察国际科普期刊，以国际科技领域期刊《麻省理工科技评论》（*MIT Technology Review*）为对象。*MIT Technology Review* 是全球范围内运营时间最长的一份科学技术类科普期刊，1899 年在麻省理工学院（MIT）创刊，至今已有 100 多年的历史。它主要报道最新的科学技术及其对人类生活的影响，分享观点。其目标读者覆盖全球，读者群由最高水平的创新者、企业家、投资者和管理人员组成。该杂志由世界上重要的科技机构之一——麻省理工学院提供内容支持，并拥有一支充分掌握科技知识且高度理解科技进步的编辑团队，其行业权威性独占鳌头。本研究从办刊宗旨、内容设置、人员配置、邮件推送等方面进行梳理，调研该刊为大众读者提供科技知识产品和决策服务的能力，为我国科普期刊的发展和运营提供参考。

1.4.2 *MIT Technology Review* 的办刊宗旨

MIT Technology Review 在其办刊宗旨中写道："每天，面对海量涌入的技术信息，我们提供智能的、清晰的和权威的知识过滤。我们秉持严肃的新闻专业态度来做这件事，用清晰、简单的语言来撰写，由知识渊博的编辑人员来执行，并恪守准确且独立的原则。在功能上，我们通过新闻分析、商业报告、照片短文、评论以及交互的数字体验，邀请我们的读者进行深入的探究，考察数据，并通过了

---

① 本节主要执笔人为中国科协创新战略研究院赵勍。

解专家的意见，去查看、探索和了解新技术及其带来的影响。我们通过网络、纸质媒体、移动端提供精心设计的出版平台和出版物，以及遍布世界各地的现场活动体验。"

通过其表述，期刊清晰地表达了自己的功能定位，即为读者进行权威的信息筛选，通过文字、图片、视频等丰富的表现形式，及时、准确地呈现全球的重要科技信息，并通过专家分析，了解科技给人类带来的影响。"权威""专业"是 *MIT Technology Review* 区别于其他媒体的核心竞争力。

1.4.3 *MIT Technology Review* 的内容设置

考察 *MIT Technology Review* 的网站，其栏目主要有主题（Topics）、下载（The Downloads）、电子期刊（Magazine）、活动（Events）、视频（Video）、专刊（Special Publications）、新闻快报（Newsletter）等一系列版块。本节将详细整理其中的主题、下载、电子期刊和活动这四大主要版块。

（1）主题版块

主题版块的设定与纸质期刊的栏目设定大致相同，按领域细分为五大主题，分别为：①商业影响（Business Impact），讨论科技发展如何改变经济，为工业发展提供机会；②联系（Connectivity），讨论信息交流和个体互动；③智能机器（Intelligent Machine），讨论人工智能和机器人对人类工作和生活的影响；④重写生活（Rewriting Life），讨论科技对身体的重新编程，让人类变得更加健康；⑤可持续能源（Sustainable Energy），讨论在气候变化的危机下，人类如何可持续地为自己提供食物、水和能量，以保证人口的增长。这五大主题基本覆盖了科技对人类生活的影响范围，如经济、健康、环境等方面，同时也抓住了当前的科技热点问题，如智能制造、碳排放等。

以常规的五大主题内容为基础，*MIT Technology Review* 同时提供 3 组年度榜单和观点类报道。3 组年度榜单分别为十大突破技术（10 Breakthrough Technologies）、35 位 35 岁以下的创新者（35 Innovators Under 35）和全球 50 家最聪明的公司（50 Smartest Companies）。"十大突破技术"名单可追溯到 2001 年。以 2018 年为例，对当年的十大突破技术，除了详细的内容介绍，针对每个技术都有关键信息提取，如技术突破点、重要意义、该领域主要专家以及可实现时间等。"35 位 35 岁以下的创新者"名单可追溯到 1999 年。提名者和入围者主要来自发明创造者、企业家、梦想家、人道主义者和科技先锋。每人都有相关事迹介绍，并提供转载到脸书（Facebook）、推特（Twitter）、红迪网（Reddit）、领英（LinkedIn）、瓦次艾普（WhatsAPP）以及发送邮件的链接，读者可以参与当年的提名者评选，并对感兴趣的入围者标上书签，供日后查阅。"全球 50 家最聪明的公司"名单可追溯到 2010 年。对于每年入选的公司，网站介绍了总部位置、主营业务、公司属性和概况，同时提供该期刊网站上的相关新闻链接，供读者参考查阅。同时，这个版块还列出当年入围公司的国家分布，累计入围公司的次数排名等，为读者提供多角度分析视角。年度榜单主要起到了总结、引导的作用，提高了读者和相关机构、公司的参与度。同时以当下视角，借助榜单长时期的记录，读者可以回顾过去十几年，随着科技的进步，人类经济生活的发展路径和地理分布变化。

观点类报道被单独设立为专栏，分别为一般观点（Views）、市场观点（Views from the Marketplace）以及 AI 设备（On Device AI）等 3 个模块。

"一般观点"栏目展示了 *MIT Technology Review* 对于当今最新科技重大发现的观点，已经累计邀请了 20 位来自全球不同国家和地区的专家和学者，有中国的企业家李开复、美国前国防部部长阿什顿·卡特，还有艺术家大卫·布莱恩以及在科技研发领域的多位年轻科学家、工程师等。每位专栏作家都有自己的主页，罗列了该作者在 *MIT Technology Review* 上发表的所有文章。以李开复为例，2018 年 2 月，他在该网站上发表了一篇题为《科技公司应该停止假装 AI 不会破坏人类工作》的文章。这是一篇观点类文章，同时也归入智能机器（Intelligent Machine）专栏。在文章的发表页面，网站同时提供了相关主题的视频链接以及更多的关于智能机器的专栏文章，方便读者扩展兴趣阅读。

"市场观点"是一档主要由挑选的商家或合作伙伴赞助进行宣传推广的栏目，但其栏目内容不是广告，而是和赞助单位业务相关的全文报道、行业白皮书、行业分析、系列报道等。*MIT Technology Review* 凭借其良好的品牌效应和行业影响力，吸引了众多新型科技公司和科技咨询公司。商业公司希望突破传统的广告形式，通过与 *MIT Technology Review* 的合作，与目标客户更加积极有效地互动。*MIT Technology Review* 对商家而言，是比传统广告媒体更加权威、更有传播力的平台。

"AI 设备"是一档由高通公司（*Qualcomm*）特别赞助的栏目，主要关注机器学习、深度学习、自动化系统和神经网络等强大的软件技术和高效的硬件设备对人类生活方方面面的影响。栏目形式多样，通过文章、博客（Blog）、播客（Podcast）、视频报道以及 ppt 演示，全方位地将 AI 技术以及相关分析讨论呈现给读者。

可以看出，一般观点、市场观点以及 AI 设备 3 个栏目的设定是一个逐渐聚焦的过程。因为报道内容的专业性和权威性，商业公司的赞助形式也从单篇文章的发表拓展到整个专栏的设立。这样的商业合作为期刊的运营提供了强有力的经济保障。

（2）下载版块

下载版块每天发布全球最新的科技新闻，报道数量不固定，少时 1 则，多时 3～4 则，并伴有主编特别推荐。下载版块的特点是及时性和范围的全球性，每天更新的稿件来自 *MIT Technology Review* 的编辑、特邀作者以及自由撰稿人。除了大波士顿地区和洛杉矶湾区这两个美国科技高地，这些撰稿人还分布在美国其他地区以及包括中国、英国、法国、德国、缅甸、印度等多个国家和地区，他们第一时间将当地科技新闻发布在 *MIT Technology Review* 平台，及时地传播给读者。

（3）电子期刊版块

电子期刊版块就是将期刊的电子版提供给读者，既有付费内容，也有免费内容。读者必须在网站上注册账号，才可以获得电子版。电子版可以提供不同语言的版本，有中国版、荷兰版、日本版、意大利版、巴基斯坦版，还有同是英语的美国版。国际版本除了语言不同，其电子期刊内容更多地发布当地的科技新闻，具有地区特色。即便是提供免费的内容，网站也要求读者通过个人账号来获取知识产品。在账号的建立过程中，读者会提供自己的地理信息、语言选择、感兴趣的话题。在掌握了这些基本信息的基础上，通过每期订阅的数据更新，网站能够更加有效地了解读者的地区特点、年龄分布以及相应的阅读需求、热点推送。

收费服务主要分 3 种情况，即 9.99 美元 3 个月的基础套餐、39.95 美元的全年基础套餐以及 89.95 美元的全年升级套餐。订阅基础套餐的读者可以无限制地阅读网站上的所有报道，同时"下载版块"每天将最重要的科技新闻推送到指定邮箱。升级套餐在基础套餐的基础上，可以查阅从 1899 年创刊至今的所有杂志内容，体验没有广告的网站阅读，同时享有参加"活动版块"线下活动的 10% 价格优惠。

（4）活动版块

活动版块是一个将线下活动在线上推广、宣传并有效呈现的平台。通过该版块，读者可以了解科技领域内的国际会议、行业年会的相关信息，网上注册线上线下活动、参加直播互动、收看录播。其录播视频又根据五大基本主题（商业影响、联系、智能机器、重写生活、可持续能源）和三大榜单（十大突破技术、35 位 35 岁以下的创新者和全球 50 家最聪明的公司）进行分类分档，视频内容可追溯到 2014 年。可以说，活动版块是科技领域的 TED 平台，是 *MIT Technology Review* 富媒体的集中体现。

1.4.4 *MIT Technology Review* 的人员配置

MIT Technology Review 的总部设在美国东岸的剑桥市，背靠麻省理工学院，

分部设在西岸的旧金山市湾区。核心团队成员共 22 人，CEO、总编、执行总编各 1 位，7 位中级编辑分别负责新闻、AI 机器人、移动通信、生物医药、新闻广告、能源和商业版块，旧金山分部有主管 1 位，常规助理编辑 3 位，还有 7 个人负责整个公司的运营、市场策划、产品开发以及国际事务等。如果查阅领英（*LinkedIn*），可以看到 *MIT Technology Review* 有 386 位员工，其中 1/3 在美国，2/3 分布在美国以外的其他国家和地区，负责市场运营、项目开发等，还有相当一部分是特约报道员和自由撰稿人。

这样"小核心、大外围"的人员配置结构，既体现了期刊核心团队的精干权威，同时也保证了业务覆盖面广、外部人员灵活管理的特点。

1.4.5 *MIT Technology Review* 的邮件推送

邮件推送是目前数字化报刊平台普遍采用的宣传方式。相比网站信息，邮件推送需要投递更抓眼球、更吸引人的内容，比如相关领域最新、最热门的话题，来引起读者的阅读兴趣。有效的邮件推送可以让读者从被动接收转换到主动关注，更进一步点开邮件链接，登录网站进行深度阅读。长期无效的邮件推送容易引起收件人的反感，甚至会将推送邮件归类到垃圾邮件或者主动取消订阅。笔者根据 2018 年 11 月—2019 年 4 月的订阅体验，对 *MIT Technology Review* 整整 6 个月的邮件推送内容进行了整理。

这 6 个月重点科技新闻热点有世界首例基因编辑婴儿事件、埃塞俄比亚航空波音 737 事故以及第一张黑洞照片等。从 2018 年 11 月 27 日的邮件推送中，就有关于基因编辑婴儿的文章内容。当日此新闻是文章列表中的第二条。第二天又有标题为《第二例基因编辑怀孕可能已经开始》（"A second CRISPR pregnancy may already be under way"）的文章作为头条新闻进行了推送。2019 年 2 月 22 日，标题为《中国基因编辑双胞胎可能已获得强化大脑》（"China's CRISPR twins might have had their brains inadvertently enhanced"）的文章又对此次事件进行了跟踪报道。同时作为补充，关于基因编辑的文章也前后被推送了 2 次。同样，对于埃塞俄比亚航空波音 737 事故，邮件推送在事故当天（2019 年 3 月 11 日）通过一则短讯开始跟踪关注。第二天（3 月 12 日）以推送新闻头条的方式报道了事故情况，并提供 2018 年 10 月印度尼西亚波音 737 坠毁事件作为此次事故的相关背景材料。之后又分别于 3 月 28 日和 4 月 4 日对相关新闻进行了详细地推送。除了这些重大的与科技领域相关的新闻热点，邮件推送也持续多次报道了 AI 技术、人脸识别、深度学习、机器学习、量子通信、3D 打印等热点技术以及脸书、谷歌、微软、亚马逊等公司机构的发展近况。同时对中国、俄罗斯、印度以及芬兰等国的科技发展总体情况保持高度的关注。

MIT Technology Review 的邮件推送内容丰富、时效性强、报道内容突出，有效地提高了邮件新闻的点击率和阅读量。同时，通过相关链接，对网站的深度知识服务起到了很好的宣传和推广作用。

1.4.6　总结

经过上述整理分析，可以看出 *MIT Technology Review* 作为面向大众读者的科普期刊，其内容设置、运营方式、人员配置等跳出了传统科技期刊的模式，不设置同行评审，没有固定的学术编委会，各方面都向新闻媒体靠拢。同时在内容上，期刊发挥专业优势，借助外围专家和外围团队的支持，提供更全面的新闻报道和更权威、更有深度的知识服务。在网站设置上，从不同维度将内容进行分类，就一个主题全方位、多形式地提供相关内容。在运营方面，商家资助行业内相关文章的发表和专栏的设置，是比传统广告更具影响力和吸引力的宣传方式，也是知识付费之外的重要经费支持。

2 中外科技期刊服务流程对比分析

2.1 组稿约稿对比研究 [①]

2.1.1 研究背景及目标

目前，我国科技期刊优质稿源外流严重，而优质稿源是科技期刊最重要的组成部分，期刊学术质量与优质稿源比率之间关系密切。在现有政策导向下，在扎实的组约稿实践中，通过各种渠道积极拓展优质稿源，是提升我国科技期刊学术影响力的重要环节之一。

组约稿是科技期刊工作的重要环节，是科技期刊实现可持续发展的重要机制之一。目前，出版界已充分意识到组约稿对提升期刊学术影响力的重要意义，在科技期刊组约稿的策划、方法、质量控制等方面进行了一系列的探究，主要集中于以下几个方面。

（1）对组约稿策略的探究

如代艳玲[②]围绕国家重大方针决策、行业重大科技成果、行业热点难点问题、行业重大科技事件以及品牌学术会议等方面，策划有吸引力的选题，探索全方位多层次的组稿策略。潘伟等[③]从科技期刊策划与组稿的基本概念入手，从品牌策

---

① 本节主要执笔人为清华大学出版社期刊中心张广萌、张昕。

② 代艳玲. 提升期刊学术质量与影响力的方法与途径：选题策划与组稿［J］. 中国科技期刊研究，2016，27（2）：37-41.

③ 潘伟，石朝云，游苏宁. 关于医学期刊整体策划与组稿的再思考［J］. 编辑学报，2015（2）：8-10.

划、选题策划、组稿策划、栏目策划和发行策划等方面探索组稿策略。

（2）对组约稿具体问题的分析和实践总结

如郑雯等[①]以《中国皮肤性病学杂志》为例，总结归纳了其利用新媒体手段提升编辑人员选题策划的敏感性、深入了解读者需求、组织专家编委进行选题论证，以及完成约稿等方面的经验。张英健等[②]在分析江苏省8所地方工科院校学报（自然科学版）引用频次较高的103篇论文的基础上，总结了其遵循引用规律科学组稿、关注热点问题主动约稿以及采取政策措施促进来稿的组约稿实践规律。

（3）对单刊组约稿模式的探讨

如张春丽[③]以《中国地理科学》（英文版）为例，对其利用编委、跟踪会议、通过网络等组约稿模式和质量管控措施进行了探讨；梁倩[④]从《规划师》杂志社的具体实践出发，从灵活性、策划性、拓展性等方面研究了主题化运作类科技期刊的组稿模式与策略。

这些探索和思考主要集中于针对单刊的组约稿的重要性、方法和实践工作的总结，鲜有对中外科技期刊组约稿现状的对比研究。

本课题拟对中外科技期刊组约稿实践进行充分调研，分层次对其组约稿实践规律进行梳理，发掘组约稿的共性和个性问题，建立科技期刊组约稿优化模式，以推动我国科技期刊整体水平的提升，进而推进学科建设和科技创新。

2.1.2　研究内容

对中外科技期刊组约稿现状调研。选取的国外研究对象为 *Cell*、*Nature*、*Science* 等期刊，选取的国内研究对象为中国科协优秀国际科技期刊以及中国科技期刊国际影响力提升计划（PIIJ）支持优秀英文科技期刊。拟分层次对其组约稿实践和规律进行梳理，包括组约稿的选题类型、组约稿的发起者、组稿约作者队伍建设、组约稿国际化措施、组约稿难易程度、组约稿质量控制、组约稿与媒介平台的融合、组约稿呈现形式、组约稿优惠政策、组约稿对期刊发展贡献等环节，发掘其共性和个性问题。在调研基础上，提出优化对策和提升路径。

---

① 郑雯，董妍，汤亚娥，等. 科技期刊利用新媒体方法组稿、约稿的策略：以《中国皮肤性病学杂志》为例［J］. 中国科技期刊研究，2017，27（3）：43-46.

② 张英健，洪林. 地方工科院校自科版学报提高影响因子的组稿对策：以江苏省8所高校为例［J］. 科技与出版，2015（8）：51-54.

③ 张春丽. 科技期刊组约稿模式与质量管控探讨：以《中国地理科学》（英文版）为例［J］. 中国科技期刊研究，2017，28（2）：117-120.

④ 梁倩. 主题化运作类科技期刊的组稿模式与策略探索［J］. 天津科技，2016（12）：77-80.

2.1.3　研究方法

文献研究法：广泛收集国内外关于中外科技期刊组约稿方面的文献。通过分析总结同类研究成果，为本课题提供重要的参考和借鉴。

现场调研法：通过走访期刊编辑部等，与调研对象进行面对面交谈，获取目前科技期刊组约稿实践现状的第一手资料。

2.1.4　国外国际顶级期刊组约稿优化模式

（1）打造专业科学编辑队伍

编辑是组约稿件的中坚力量之一。*Cell*、*Nature*、*Science* 采用职业编辑方式，打造适应高端刊物发展的专业科学编辑队伍，培养其对学科热点和科研动态的敏感嗅觉，使其主动出击，挖掘优质稿源。

（2）设置时效性较强的特色评论栏目，增加刊物可读性，将读者发展成优质作者

作者是组约稿件的撰写者，需采取各项措施扩大作者范围。如 *Cell* 设置预览（Previews）栏目，*Nature* 设置新闻和观点（News and Views）栏目，增加刊物可读性，扩大读者范围，将读者发展成优质作者。

（3）与大众媒体融合发展，扩大组约稿作者范围

科技期刊通过组织撰写和发布本刊发表的高质量论文的新闻稿，可以有效提高刊物在科学界和公众中的影响力。很多国际知名的科技期刊主办单位都很重视这项工作。在与大众媒体长期的交流和磨合过程中，已经具有较为成熟和科学合理的方法，在保护科技期刊核心利益的基础之上，将大众媒体转变为科技期刊发展的助推器[①]。如美国科学促进会主办的 EurekAlert! 系统，欧洲有 Alpha-Galileo 系统。*Nature* 则设立了专职的新闻官，在稿件印刷版出版前一周以网络传播的形式向全球数千名记者进行新闻发布。

（4）物色国际编委，邀请国际编委推荐更多的优秀国际论文

国际一流学术期刊拥有由国际专家和学者组成的国际编委会，比如 *Science* 曾建立多达万人的编审队伍，1/3 的人员来自国外；*Nature* 也拥有一个由数千名专家、学者组成的审稿队伍。邀请国际编委推荐更多的优秀国际论文是扩大稿源范围和质量的有效途径之一[②]。

[①] 王亚男，俞敏，刘德生. 科技期刊与大众媒体的融合发展［J］. 科技与出版，2017（5）：21.

[②] 赵跃峰，孙守增，王佳. 学术期刊国际影响力的传播机理［J］. 长安大学学报（社会科学版），2013，15（3）：117-120.

2.1.5　国内优秀期刊组约稿优化模式

（1）组约稿的选题类型

第一，关注学科热点和研究重点。在调研过程中，笔者了解到，多数科协优秀国际科技期刊都做到了紧跟学科热点和研究重点，密切跟踪国际上科学研究出现的新方向和新热点，并重点关注我国知识创新体系中的"863"计划、"973"计划、国家自然科学基金项目、"攀登计划"项目、国家杰出青年基金项目、国家攻关项目、博士点基金项目等，开展选题策划和组约稿工作，并逐步建成完善和动态的前沿研究课题库、重点基金课题库、科研获奖课题库、知名作者库，这样有助于聚集核心作者群，进而扩大优质稿件的来源。如《中南大学学报》（英文版）通过紧密跟踪国家重点项目，建设了优质稿源平台，对国家科教兴国的战略大局给予了有力支撑[①]。

第二，关注常规选题。在关注学科热点和研究重点的同时，编辑部在组约稿件时也关注基础学科相关的常规选题，这对于构建、充实并完善相关学科理论体系有重要的作用。

第三，关注会议选题。作者是科技期刊最宝贵的财富，他们一般是各专业领域的研究人员，通过在专业期刊发文和参与学术会议对研究成果进行报道和交流[②]。通过参加专业学术会议，科技期刊编辑能够了解学科前沿和热点，并快速融入科研交流，进而约稿获得高质量的稿件[③]。在与专家学者面对面的交流中，编辑也能更有效地宣传自己的期刊[④]。

（2）组约稿的发起者

第一，发挥编辑力量组约稿。

1）提升编辑专业和编辑水平，建立与科学家的良好学术联系。以 *Cell Research* 常务副主编李党生为例，其凭借自身的专业知识和编辑经验，真正实现了编辑和科学家的直接对话，不仅为科学家的科研提出建设性意见，而且帮助科学家在国际顶级期刊上发文[⑤]。因此，编辑应夯实自身专业素养和编辑水平，实现

---

① 中国科协学会学术部. 中国科协优秀国际科技期刊［M］. 北京：中国科学技术出版社，2013.

② 王静，冯学赞，马宝珍. 提高科技期刊约稿质量和成功率的途径与方法［J］. 编辑学报，2013，25（6）：553-555.

③ 刘丹. 我国英文科技期刊不同发展时期的国际组稿定位与策略［J］. 编辑学报，2016，28（5）：498-500.

④ 陈小华. 论行业科技期刊的几种选题组稿策略：以《森林防火》杂志为例［J］. 中国科技期刊研究，2014，25（1）：109-111.

⑤ 中国科协学会学术部. 中国科协优秀国际科技期刊［M］. 北京：中国科学技术出版社，2013.

与科学家的良好交流，实现期刊和科学家的双赢。

2）根据编辑的学术背景和特长，设置岗位。设置策划组稿编辑、审稿编辑、文字编辑、新媒体编辑，强调个性化发展。以《中国有色金属学报》（中、英文版）为例，其强调编辑的个性化发展，着力培养策划组稿编辑，委派编辑人员参加学术会议和编辑业务培训[①]。培养编辑与时俱进的创新理念，使编辑能够引领期刊从办刊理念等方面逐步与国际接轨，塑造一流的科技期刊品牌形象。

3）提升编辑对学科热点的敏感嗅觉，迅速组稿，争取首次报道权。编辑在发现最新学科热点和信息动态之后，如果能够准确做出判断，快速进行组稿，加快处理，并及时报道，这对于争取研究成果的首发权，并提升刊物的影响力具有积极的作用。以《中国药理学报》为例，在严重急性呼吸综合征（SARS）在我国肆虐之季，其编辑团队及时收集关于抗 SARS 病毒药物的首创性研究成果，迅速地进行同行评审和编辑加工，并在短时间内正式发表，得到了国内外的广泛关注[②]。因此，编辑应提升自身对学科热点的敏感嗅觉，迅速组稿，争取首次报道权。

4）聘请科学家担任特约编辑，利用其学术影响力组约稿件。以《清华大学学报》（英文版）为例，编辑部紧密跟踪科技发展动向，聘请了世界各地 50 多位计算机和电子工程学专家担任特约编辑，利用其学术影响力组约稿件，组织出版了近 30 期反映信息领域最新研究成果的专辑或专栏。

第二，发挥编委会力量组约稿。

1）遵循动态原则，充实中青年编委会，增强编委会活力。为编辑工作提供学术指导是编委会的重要功能之一，编委会同时承担一些具体的审稿、组稿和优秀稿件推荐工作，并能为期刊的发展提供信息咨询服务，有助于扩大期刊在相关学术领域研究人员中的知名度和学术影响力。如《中国有色金属学报》（英文版）从长江学者、国家杰出青年基金获得者、"973" 计划首席科学家和 "863" 计划首席科学家中遴选与期刊有长期合作、对期刊工作大力支持的工作在一线的优秀中青年教授、专家充实编委会，以增强编委会的活力。

2）对编委会进行绩效考评。在实地调研中，笔者从《自动化学报》编辑部了解到，为激发编委会的活力，编辑部对编委会采取绩效考评打分制。针对编委的组约稿工作量，编辑部内部制定了一套打分机制，以激发编委的工作热情，年终根据汇总的总分，对编委组约稿工作量进行绩效考核，并对表现优异的编委进行奖励，及时更换活跃度不高的编委。

---

① 王超，彭超群. 国际一流科技期刊建设的思考：以《中国有色金属学报》（中、英文版）为例［J］. 中国科技期刊研究，2017，28（7）：664-668.

② 中国科协学会学术部. 中国科协优秀国际科技期刊［M］. 北京：中国科学技术出版社，2013.

3）物色国际编委，邀请国际编委推荐更多的优秀国际论文。国内很多英文科技期刊开始重视国际编委的建设，比如，《矿业科学技术》（英文版）（*International Journal of Mining Science and Technology*）的国际编委来自15个国家和地区[①]；《能源化学》（英文）由国际学者担任共同主编[②]；为充分发挥国际编委的作用，《国际自动化与计算杂志》（英文）建立了有效分工和规范管理的制度[③]；《植物学报》（英文版）（*Journal of Integrative Plant Biology*）也加大国外编委聘请力度，以吸引国际稿源和提升期刊质量[④]。

（3）组约稿作者队伍建设

在组约稿件的过程中，需要重点关注的作者队伍，包括成果产出丰富的科研团队、高被引论文作者、热心作者等。编辑部需采取各项举措，为科学家提供优质服务，比如为青年学者提供写作专题讲座等，提高作者和读者对期刊的认可度，激发其将优秀论文投给本刊。

第一，设立优秀论文奖，激励科学家服务期刊组稿工作。

如《中国物理B》，在2012年中国物理学会秋季年会上，设立优秀论文奖励会[⑤]。编辑部从期刊发表的文章中挑选优秀作品，以中国物理学会和编委会的名义为这些评选的优秀论文作者颁奖，极大激发了获奖作者的热情。

清华大学出版社也将奖励优秀作者作为吸引稿源、凝聚作者的重要手段，成效显著。2014年，《纳米研究》（英文）创立"纳米研究奖"，举行一系列"纳米研究奖"的宣传、征集和评选活动。《清华大学学报》（英文版）《建筑模拟》（英文）等刊也都采取了类似做法，通过设置奖项，不仅吸引了大量顶尖科学家，同时扩大了期刊的宣传，提高了国际知名度，促进了优秀科研成果的及时、有效传播。

第二，走访国内重点高校、研究所及各级重点实验室。

为更好地服务科研人员，科技期刊编辑应积极走出去。科技期刊根据自身的发展实际，对稿件来源情况、审稿人分布情况、读者需求进行充分调研，进而有

---

① 王继红，骆振福，都平平，等."国际影响力提升计划"对非SCI期刊的影响：以*International Journal of Mining Science and Technology*为例［J］.中国科技期刊研究，2015，26（10）：1084-1089.

② 张丽娟，于萍，李富岭.《能源化学》（英文）提高国际影响力的方法分析［J］.中国科技期刊研究，2015，26（7）：678-682.

③ 陈培颖，朱岩，欧彦，等.学术期刊编委会的有效分工与管理［J］.中国科技期刊研究，2015，26（11）：1217-1222.

④ 黄东杰，汪全伟，张海东，等.英文期刊中编委会的国际化及其作用［J］.农业图书情报学刊，2016，28（4）：157-159.

⑤ 中国科协学会学术部.中国科协优秀国际科技期刊［M］.北京：中国科学技术出版社，2013.

计划地开展对国内重点科研院所的走访活动。这能够实现编辑与专家、读者的面对面交流，有助于组织一线的优质稿源。在组织稿件的同时，期刊也可从专家和读者处获得第一手的意见和建议，促使期刊发现问题、解决问题，进而实现更高质量的发展。

以《中国药理学报》为例，其走访了大量高校、研究所及重点实验室，期刊宣讲活动后，访问过的高校院所半年内来稿平均增加30%，访问单位来稿的质量明显提升。

（4）组约稿国际化措施

第一，增加国际编委比例。增加国际编委比例是实现组约稿国际化，进而提升科技期刊国际影响力的重要举措。如《中国物理B》海外编委比例为30%。以《中国航空学报》（英文版）为例，其在培养国际编委方面进行了有力的探索和实践，目前其国际编委占比50%，来自全球13个国家和地区。"特别专栏：中国与法国"（Special Column：China and France）专栏（2016年）由国际编委M. Ichchou教授担任执行主编，开展相关组约稿工作。由此可见，由国内外编委主持开展的组约稿工作进入良性、可持续性发展的状态[①]。

第二，参加国际学术会议宣传组稿。高水平的国际学术会议，汇集了海内外本专业领域内的学术带头人和科研一线工作者等，他们的科研报告反映了本学科的发展方向和进展情况。目前国内编辑部一般都做到了抓住高水平会议举办的契机与国际专家面谈并组稿，组稿成功的概率得以提升。

第三，利用华人科学家影响力。在办刊实践中，要依托我国科研优势，瞄准国际前沿，充分调动海内外优秀华人科学家的积极性，为其搭建在国际科技界表现的舞台，广纳各国优秀成果。以《纳米研究》为例，清华大学出版社依托清华大学优势学科创办，清华大学校友戴宏杰院士和清华大学教授李亚栋院士共同担任双主编，利用学校海内外校友资源全球组稿[②]。

第四，与国外出版机构合作。与国际知名出版机构合作是加快稿件内容传播，迅速扩大刊物国际影响力的重要途径。《中国物理B》与英国物理学会出版集团签订合作发行合同，利用其作为国际著名物理学出版商的知名度和宣传、发行效果，扩大刊物在海外的影响，同时争取更多的海外读者和作者来稿。

如2005年，《科学通报》的出版单位《中国科学》杂志社与Springer出版集团

---

① 李明敏，徐晓，蔡斐. 英文科技期刊国际编委的遴选与培养成效[J]. 科技与出版，2017（11）：55-59.

② 张广萌，张昕. 英文科技期刊组约稿优化路径探索——以"中国科技期刊国际影响力提升计划"A类期刊为例[J]. 出版广角，2019（3）：21-24.

签订合作协议，得以利用 Springer 在全球领先的科技电子出版物平台资源[①]。通过与 Springer 出版集团的通力协作，期刊的下载量、订阅、显示度等提升明显。在海外的宣传工作不断推进，学术影响力不断提升。同时，杂志社也在编辑出版发行一体化等方面进行探索，采用 XML 格式的国际稿件编排格式，使编辑出版发行达到国际一流期刊的水准。

清华大学出版社期刊中心积极加强同国际知名出版机构的合作。2012 年,《清华大学学报》（英文版）实现与电气电子工程师学会（IEEE）的合作，全文在其 IEEE Xplore 数字平台上发表。2013 年采用开放获取模式，使全球 40 多万 IEEE 会员以及其他读者能免费下载论文，扩大期刊在专业领域的国际影响力。2013 年当年发表的一篇云计算论文位居当年 IEEE 约 360 万篇文献下载量的第 2 名；2015 年 2 月，在 IEEE 百篇文献下载排行榜中,《清华大学学报》（英文版）共有 5 篇论文榜上有名。《纳米研究》（英文）、《建筑模拟》（英文）等与 Springer 合作，利用其具有重要国际影响力的在线学术平台 SpringerLink 发表最新的科研成果。这极大地提升了期刊的国际显示度，加快了"走出去"的步伐，助力了国家软实力建设。

但这种合作存在问题，中国的期刊要靠国外出版商来发行，这说明我们自身缺乏做国际出版和发行的实力。"借船出海"不是长久之计，中国期刊要不断提升自身的质量水平和运作规范化，同时，应该联合起来建立自己的出版平台，以摆脱这种国外发行完全由国外合作商控制的局面。

（5）组约稿困难节点和环节处理

第一，同一专栏中的作者应避免集中在同一工作单位，尽量分布在多个高水平的科研院所中。

第二，同一专栏中，同一作者（尤其是通信作者）出现的频率不宜过高。

第三，专栏文章同自由来稿一样，也要进行审稿环节的把关，保证质量。

第四，对于把关不严的专栏执行主编，应增加审次，加强质量控制。

第五，相似选题的专栏出版周期要有所间隔。

（6）组约稿质量控制

审稿是提升学术期刊质量的重要环节，优质的审稿不仅可以提升论文的质量和可信度，还能在作者群中树立良好的学术声誉，为吸引优质稿源奠定坚实的基础。组约稿件虽为特邀稿件，但审稿环节依然不可或缺[②]。

第一，设置审稿意见表。完善审稿处理制度，提高初审和专家审稿质量以及

---

① 安瑞，肖鸣，程剑侠.《科学通报》英文版与 Springer 国际合作的实践及启示［J］. 中国科技期刊研究，2017，28（5）：413-417.

② 中国科协学会学术部. 中国科协精品科技期刊典型事例汇编［M］. 北京：中国科学技术出版社，2013.

可操作性。编辑部制定初审意见表，注重形式审查，主要涉及主题范围、语言文字、插图表格、量和单位、参考文献等评价项目。同行专家审稿意见表注重审查学术内容，审查侧重点包括创新性、科学性和实用性评价，论文写作规范评价等具体的评价意见，并给出最终建议意见。

第二，聘请学术编辑。聘请教授等专家学者担任特邀学术编辑，负责发刊前和发刊后的审读工作，协助编辑做好学术质量关。

第三，对审稿质量进行评估和管理。基于稿件处理系统的统计表和稿件处理，对审稿专家审稿稿件主题、数量、审稿周期等进行全面记录，同时编辑部也可对审稿人的审稿质量和效率进行打分，积累一批审稿质量佳、审稿速度快的专家作为组约稿件的审稿人。

（7）组约稿与媒介平台的融合

现代信息技术的飞速发展大大改变了人们的日常生活，也给传统的学术期刊出版带来了机遇和挑战。约请的稿件学术质量一般相对较高，可以通过互联网、微信群、公众平台等重点宣传和推广，以使其产生较大的影响，同时也能使作者感受到期刊对文章的重视程度，有利于提高作者未来投稿的积极性。

在调研中，较多优秀国内期刊在约稿出版后的推广工作主要包括以下几方面。

第一，追踪作者、及时反馈。在稿件出版后，尽快告知约稿作者以表示感谢，并鼓励作者宣传推广。

第二，奖励约稿团队。对于为期刊发展做出较大贡献的约稿团队，给予一定的表彰和奖励，以提高专家办刊的积极性。

第三，主动推荐相关专家，以使文章出版后让更多专家学者知晓，在本行业内产生一定的影响力。

第四，继续约请稿件。在文章出版一段时间后，向作者约请下一篇文章，以充分反映作者工作成果的连续性。

第五，评价稿件质量。在出版后持续对稿件质量进行跟踪分析，为以后的约稿方向提供参考。

第六，与大众媒体的融合。科技期刊通过组织撰写和发布本刊发表的高质量论文的新闻稿可以有效地提高刊物在科学界和公众中的社会影响力。2007年，中国科学技术协会在国内启动"科技期刊与大众媒体见面会"制度，搭建了科技期刊与大众媒体的桥梁[①]。通过见面会，科技期刊向大众媒体推荐最新发表的对科技

① 闫蓓，严谨，肖宏. 搭建科学与大众的桥梁：谈科技期刊与大众媒体的新闻报道合作实践［J］. 编辑学报，2009，21（4）：325-327.

进步、社会发展和人类生活有可能产生重大影响的研究成果，更有效地传播了科技信息，并提高了科技论文的显示度、传播力和影响力。

（8）组约稿呈现形式

根据组约稿件数量和主题分类的不同，组约稿的呈现大致有单篇、专辑、专栏、专刊等几种形式。在调研过程中，笔者同时发现，热点点评栏目也是一种非常新颖的形式。

第一，组织专刊。学术专刊通常围绕某一主题，组织一批重要学术成果，再配以相关编者按、热点评述等，以集中反映某一课题的进展。由于专刊主题突出，读者定位明确，因此非常有利于对期刊进行有针对性的宣传推广。以《运动与健康科学》（英文）为例，其通过特色专刊建设，既解决了论文创刊初期优质稿源匮乏的问题，也通过专刊聚焦学术热点提升了期刊的学术影响力[①]。

第二，组织专栏。在常设栏目的基础上，期刊应注重打造自己的品牌栏目。特色鲜明的品牌栏目是期刊核心竞争力的体现，是期刊办刊理念的总结提升。精品期刊必须以特色栏目的创建为基础和依托，使其成为最引人注目的学术精品，这同时也是衡量期刊办刊质量和学术水准的一项重要指标。目前，不少期刊已经做到了与相关国际会议合作主办和承办单位合作，出版高水平论文专辑。

第三，设置特色点评栏目。活跃栏目内容和形式也是吸引优质稿源的一大有效途径。

以 *Cell Research* 为例，其对刊物发表的优秀原创论文以及国外高端期刊 *Nature*、*Cell*、*Science* 等发表的原创学术论文进行亮点点评，注重时效性，这要求编辑对于科学研究的热点有敏感的嗅觉及对相关领域的知名科学家有较好的了解。

以《中国药理学报》为例，其设置热点点评栏目，针对最新发表的研究论著进行不超过 1000 字的简短评论，以便作者获得指导和启发。这些文章均由编辑部特邀权威专家撰写，内容短小精悍、生动活泼，容易引发读者阅读兴趣，这对于增强读者黏性、提升期刊质量有积极的作用。

（9）组约稿的优惠政策

第一，拓展论文发表的快速审稿通道。由优秀审稿专家来审，为组约的国内外优秀的原创论文以及在国外期评审时受到不公正待遇的优秀论文提供快速审理的服务。如 *Cell Research* 通过长久以来的优秀办刊实践，积累了可提供高效审稿服务的专家团队，可在 72 小时内返回审稿意见。

第二，版面费优惠政策。很多期刊针对组约稿件，都采取了版面费优惠的政策。

---

① 高伟. 英文科技期刊特刊组稿的策划与实践探索［J］. 中国科技期刊研究，2018，29（2）：189-195.

（10）组约稿对期刊发展贡献

组织高质量学术稿件能够塑造期刊的品牌效应和学术影响力，实现期刊的可持续发展。科技期刊应当在组织优质稿件方面下功夫，规范审稿流程、编辑出版、宣传推广等流程，从优质稿件的组织中发掘人才，充分探索稿源建设提升期刊质量的内在机制与规律，不断总结经验，为期刊发展注入可持续力量。

2.1.6 结语

Cell、*Nature*、*Science* 等国外期刊，通过打造专业的科学编辑队伍，设置时效性较强的特色评论栏目以增加刊物的可读性，将读者发展成优质作者，与大众媒体融合发展以扩大组约稿作者范围，物色国际编委等举措，有力增加了稿件来源。

近年来，中国科协优秀国际科技期刊以及中国科技期刊国际影响力提升计划（PIIJ）支持优秀英文科技期刊，在组约稿的选题类型、组约稿的发起者、组稿约作者队伍建设、组约稿国际化措施、组约稿难易程度、组约稿质量控制、组约稿与媒介平台的融合、组约稿呈现形式、组约稿优惠政策、组约稿对期刊发展贡献等环节，也进行了重点突破，打造出一批具有较高学术品牌和学术影响力的优秀期刊，接下来，将继续在拓展优质稿源方面重点发力，助力学科建设和科技创新。

2.2 国内外科技期刊网络传播效果比较分析 [①]

科技期刊是专业学科及科学研究领域重要的知识传播载体，是研究学习专业学科的重要科技信息来源。随着信息化、网络化、数据化与出版的融合，数字媒体快速发展，越来越多的读者从纸质期刊中脱离，转向网络、手机等数字化媒介，科技期刊通过网络传播的方式得到了更多学者及读者的青睐。我国科技期刊采用网络传播的方式也逐渐成为主流，国内很多学者都对这一领域进行了深入的研究，取得了丰硕的成果，推进了我国科技期刊网络传播的进程。[②] 目前对科技期刊网络传播的研究主要集中在评价方式、网站建设、功能挖掘、版权保护等方面，对传播效果的研究较少。本节运用比较分析法，通过研究我国科技期刊网络传播效果和国外先进期刊网络传播效果的差异，分析差异诱因，提出解决措施，以期促进我国科技期刊网络传播效果的提升。

---

② 任胜利. 国际学术期刊出版动态及相关思考［J］. 中国科技期刊研究，2012，23（5）：701-704.

2.2.1 国内外科技期刊网络传播效果比较对象的选择

本研究采用比较分析法，比较对象的选择直接决定了比较分析的信度和效度。笔者在阅读和分析国内外主流学术期刊网站的基础上，以中外科技期刊网络传播效果的可比性为前提，对涉及的网站进行了排序和遴选，按照比较的需要设置了 4 个比较对象选取标准：一是同时拥有独立的网络传播媒介，要求参与比较的两个网站均有自己独立的网站，剔除依托数据库平台、主办（管）单位网站、学术信息网站等第三方网络平台支持的学术期刊网页；二是以 2018 年较有影响力的科技期刊网站为主要选取对象，将网站的时效性控制在同一时期内进行评价；三是鉴于学术期刊受学科领域影响明显的特点，相互比较的两个网站选取同学科领域的国内外期刊进行比较；四是学术期刊在学术影响力方面的强弱直接影响了受众的多寡，因此尽可能选取学术影响力相近的国内外学术期刊网站作为比较对象进行对比分析。经过数据分析和资料整理，满足以上对比分析条件的国内外网站基数较多，为确保分析的深入性，所选网站的可比性，本次研究抽取 7 个较具学术影响力的国际科技期刊网站和 7 个对应的国内科技期刊网站进行比较分析（表 2-1）。

表 2-1　国内外学术期刊网站传播效果比较分析对象表

国外科技期刊	
名　称	网　址
《细胞》Cell	https://www.cell.com/
《自然》Nature	https://www.nature.com/
《柳叶刀》The Lancet	https://www.thelancet.com/
《自然纳米技术》Nature Nanotechnology	https://www.nature.com/nnano/
《美国化学会杂志》Journal of the American Chemical Society	https://pubs.acs.org/
《物理评论快报》Physical Review Letters	https://journals.aps.org/prl/
《自然材料学》Nature Materials	https://www.nature.com/nmat/
国内科技期刊	
名　称	网　址
《细胞研究》Cell Research	http://www.cell-research.com/
《科学通报》Chinese Science Bulletin	http://engine.scichina.com/publisher/scp/journal/CSB?slug=abstracts
《中华医学会杂志》Chinese Medical Journal	http://cmj.yiigle.com/
《纳米研究》Nano Research	http://www.thenanoresearch.com/
《中国化学快报》Chinese Chemical Letters	http://www.chinchemlett.com.cn/EN/volumn/home.shtml
《中国物理快报》Chinese Physics Letters	http://cpl.iphy.ac.cn/EN/0256-307X/home.shtml
《中国有色金属学会会刊》Transactions of Nonferrous Metals Society of China	http://www.jesc.ac.cn/jesc_en/ch/index.aspx

2.2.2 国内外科技期刊网络传播效果比较分析维度选择

笔者将上述筛选后的 14 个国内外科技期刊网站比较分析样本按照两个对应比较对象为一组进行分组，共分为 7 组，根据比较分析情况对学术期刊网站传播效果从传播路径、可视度情况、扩展与增值服务 3 个维度进行比较分析。

（1）传播路径比较

随着网络技术的发展和受众对网络获取信息手段的掌握和普及，学术期刊网站传播路径已从初期的自办网站单一途径向全口径、多路径、多媒介的方向发展。学术期刊网络的传播方式从自办期刊网站发展为通过专业科技类网站、综合类门户网站、社交网络、移动终端无线网络等多种网络传播途径提升传播效果，起到传播科技信息，促进学术论文资源共享，提高学术期刊影响力的作用。通过对上述筛选的网站进行比较，我们可以看出，国内外网站在传播路径的选择中具有明显的传播特点和选择偏好，并且国外网站的传播路径选择具有较强的目的性和较好的传播效果，值得我国学术期刊网站学习借鉴。笔者通过对上述 7 组国内外学术期刊网站传播路径进行比较，对路径选择偏好、载体倾向选择、新闻化比较、受众参与度比较等方面进行深入分析。

第一，路径选择偏好。从上述 7 组网站的对比情况看，国外科技期刊论文传播更倾向于借助媒体的优势进行内容公开，而学术观点的交流互通主要通过媒体的社交网络工具得以实现。国外学术期刊网站更加注重社交沟通网络平台在传播中的运用，大量的国外学术期刊网站都有脸书、博客等社交网站的链接入口，用户登录社交网站可点击链接进入相关主题进行学术讨论，丰富了学术期刊的受众接触面和传播路径。例如，所选样本 *Nature* 网站上有博客入口链接，网站用户可点击链接进入博客平台中用户关注的相关主题区进行讨论，促进学术交流（图 2-1）。

国内科技期刊在网络传播过程中对学术资源的控制力较强，在确定科技论点的学术价值和影响力后才会运用新闻媒体进行传播，并且在传播途径

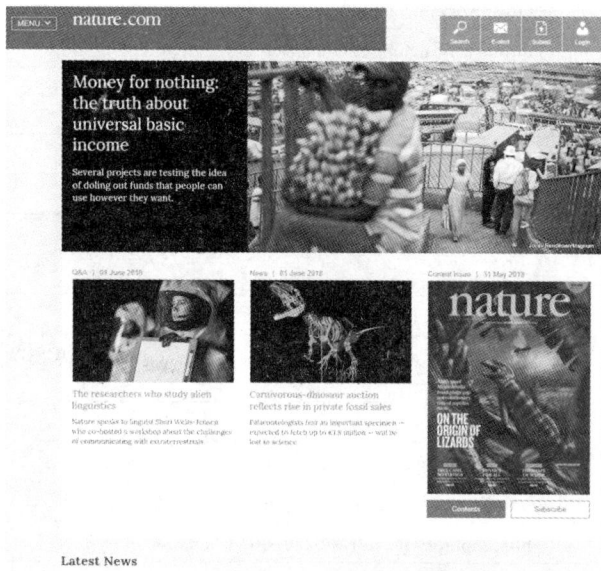

图2-1 *Nature*网站的博客功能

选择中也以自主性较强的数据库、研究机构平台为主要信息载体和公开方式，对于微信、微博等社交工具与科技期刊网站的交互性运用相对较少，基本没有直接链接社交网络平台的入口通道。例如，与英文样本对应比较的中文学术期刊网站 Chinese Science Bulletin 的界面内，并没有看到微信入口链接，也未发现有可点击进入的微博相关主题关注讨论区等传播交流空间界面。

第二，载体倾向选择。随着信息化建设步伐的加快，网站的网络传播途径和主要载体已经从笨重的台式电脑转换到了轻便的平板电脑，甚至是手机终端。移动终端的技术革新以及节能环保、经济便捷的特点，使其得到了大量受众群体的青睐，这种绿色的阅读方式正在逐渐融入学术期刊网站的发展，成为获取科技论文和学术论点的高频次传播途径。国外学术期刊网站对于以移动终端为载体的阅读传播方式正在逐步予以重视，但目前的占比较低。例如，我们选取样本中的 *Cell* 网站的导航条就设置有移动功能，网站用户可以通过下载客户端实现移动终端的信息交互功能（图 2-2）。

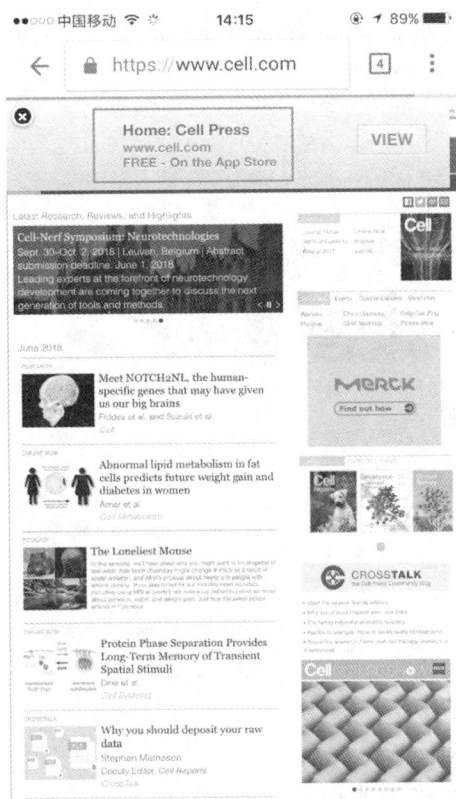

图2-2　*Cell*网站的移动功能

在移动终端的运用方面，我国的学术期刊网站也关注到了其有效便捷的绿色阅读方式和可靠的传播效果。[①] 例如，样本中的国内学术期刊 *Chinese Medical Journal* 网站界面中也有支持 iPad 阅读功能的下载专区，并且在导航分享区设置有微信、微博、手机、网页分享功能，但总体上科技期刊网站支持移动终端阅读的比例较低[②]（图 2-3）。

第三，新闻化比较。学术期刊网站论文的新闻化是扩大学术期刊传播范围，提升论文知名度，推进学术期刊网站影响力的有效路径。从国际市场来看，越来越多的学术期刊通过知名论文的新闻化带动了学术期刊网站的发展和美誉度。国

① 吉海涛，郭雨梅，郭晓亮. 学术期刊与新媒体的融合：机遇·挑战·对策［J］. 编辑学报，2015（5）：412.

② 吴彬，丁敏娇，贾建敏，等. 利用微信平台打造科技期刊编辑新方式［J］. 中国科技期刊研究，2014，25（5）：661-663.

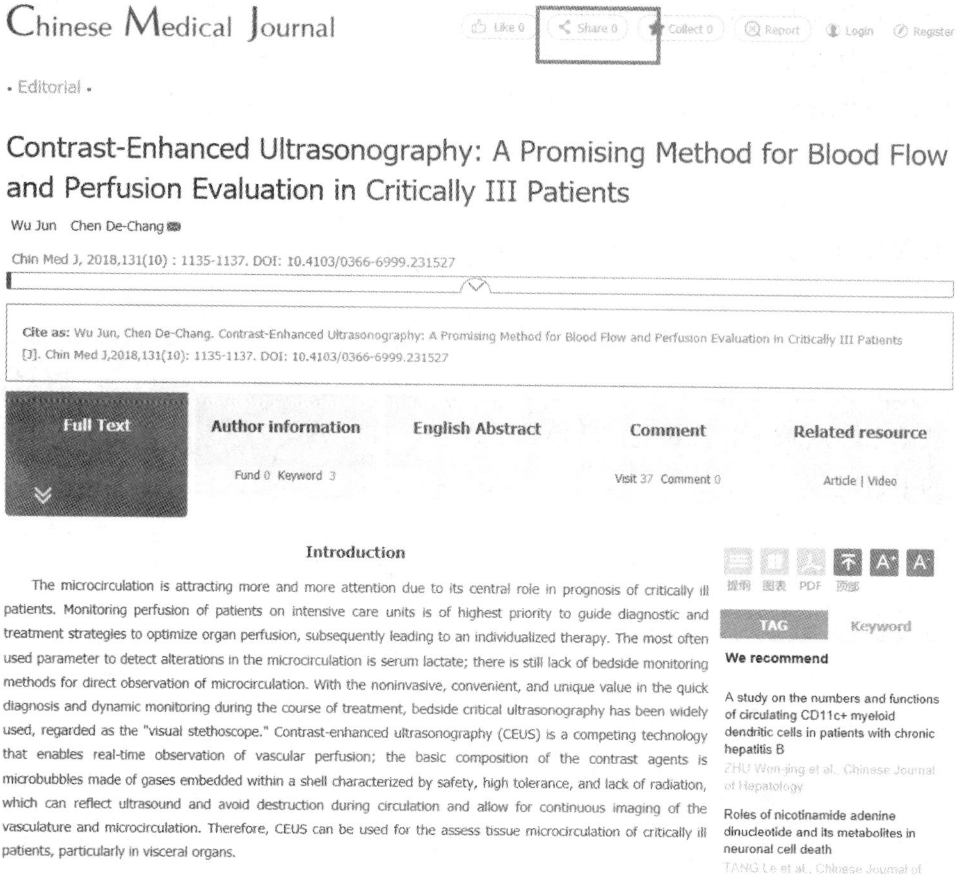

Chinese Medical Journal

· Editorial ·

Contrast-Enhanced Ultrasonography: A Promising Method for Blood Flow and Perfusion Evaluation in Critically Ill Patients

Wu Jun　Chen De-Chang ✉

Chin Med J, 2018,131(10) : 1135-1137. DOI: 10.4103/0366-6999.231527

Full Text	Author information	English Abstract	Comment	Related resource
	Fund 0　Keyword 3		Visit 37　Comment 0	Article	Video

Introduction

The microcirculation is attracting more and more attention due to its central role in prognosis of critically ill patients. Monitoring perfusion of patients on intensive care units is of highest priority to guide diagnostic and treatment strategies to optimize organ perfusion, subsequently leading to an individualized therapy. The most often used parameter to detect alterations in the microcirculation is serum lactate; there is still lack of bedside monitoring methods for direct observation of microcirculation. With the noninvasive, convenient, and unique value in the quick diagnosis and dynamic monitoring during the course of treatment, bedside critical ultrasonography has been widely used, regarded as the "visual stethoscope." Contrast-enhanced ultrasonography (CEUS) is a competing technology that enables real-time observation of vascular perfusion; the basic composition of the contrast agents is microbubbles made of gases embedded within a shell characterized by safety, high tolerance, and lack of radiation, which can reflect ultrasound and avoid destruction during circulation and allow for continuous imaging of the vasculature and microcirculation. Therefore, CEUS can be used for the assess tissue microcirculation of critically ill patients, particularly in visceral organs.

提纲　图表　PDF　顶部　A⁺ A⁻

TAG　Keyword

We recommend

A study on the numbers and functions of circulating CD11c+ myeloid dendritic cells in patients with chronic hepatitis B
ZHU Wen-jing et al., Chinese Journal of Hepatology

Roles of nicotinamide adenine dinucleotide and its metabolites in neuronal cell death
TANG Le et al., Chinese Journal of

图2-3　*Chinese Medical Journal*网站界面

外学术期刊网站在论文新闻化方面积累了较多经验，学术期刊网站通过定期不定期向大型门户网站及论文相关科技网站推送基于本学术期刊网站论文编辑成的软文或新闻稿件，推进网站多渠道传播，形成复合型的传播网络。[①] 例如样本中的 *Nature* 学术期刊网站不但通过在本网站发布科技论文相关的新闻增加关注度，同时向谷歌等大型门户网站、搜索引擎、科技网站推送相关的新闻，以获得较好的传播效果。国内的学术期刊网站对于网络传播的交互式、复合型网络传播方式运用较少，但少数国内学术期刊已关注到了相关情况，国内科技期刊正在逐步与新闻媒体联手构建科研成果大众化传播的有效传播机制，提升学术期刊网站在媒体、网络出版商、数据检索平台等渠道的传播效果，实现多方互惠共赢的格局。

第四，受众参与度比较。网站受众的信息参与度会对学术期刊网站的传播效果产生显著的影响，作为出版的终端消费群体，受众的数量、网站信息反馈量和

---

① 刘飚，邢飞，徐威. 国外科技期刊网站的调查与思考［J］. 中国科技期刊研究，2009，20（3）：479-483.

参与程度直接显示了学术期刊网站的整体传播效果。国外学术期刊网站为达到较高的公众参与度，在网站的主页一般都设有论坛、群组、留言板、邮箱等拥有较强互动功能的选项，读者在浏览网站的过程中也会参与到具体的热点问题中，公众参与度较高。例如，样本中的 *Nature* 网站中设有用户交流页面，在用户交流页面，登录用户可进行互动、咨询、信息交互、论坛发帖等与论文传播相关的交流行为，并且可根据读者需要收藏或添加关注标签，便捷地找到读者感兴趣的交流主题。国内学术期刊网站虽然也具备信息交互功能，但从使用和交流效果来看，基本停留在拥有而非充分运用的程度。如国内科技期刊网站 *Chinese Science Bulletin* 虽然也设置有论坛、留言板、邮箱等信息交互平台和功能，但从内容的反馈和时效情况以及信息的更新和活跃度来看，流于形式，时效性较差。

（2）可视度比较

网站的可视效果和版面的亲和力直接关系到受众的阅读感受和网站的传播效果。学术期刊网站虽注重学术的传播和交流，但作为文字的载体，网站的可视度也至关重要，笔者对样本进行了对比分析，从版面编排和展示设计两个方面进行了可视度的阐述。

第一，版面编排。通过对样本网站的比较，我们看到，国外学术期刊网站版面大多简洁明了，整体结构中考虑到了图片面积控制和视觉传导效果，总体采用上、中、下三层，居中分布的方式。网站的栏头部分（最上层）一般明显标识出学术期刊的 logo、可供选择导航选项以及检索功能，有时网站的拓展功能或重要广告也会出现在栏头部分；栏头下方是网站主体功能区，一般包括期刊介绍、检索浏览、用户登录、友情链接及其他功能，是网站的主体信息区；网站的最下方是期刊声明、版权声明、联系方式、帮助等。国外学术期刊网站存在统一出版主办、主管单位下不同的学术期刊网站，内容不同，但网站版面编排及设计风格趋同，展现了较强的企业文化和整体网站风格的特点。例如样本中的 *Nature*、*Nature Nanotechnology*、*Nature Materials* 3 个网站同属于一个大的出版机构，其主页布局风格十分相似，在保证企业整体形象的同时，有效降低了网站的设计建设成本。

国内科技期刊网站大多也采用上述 3 块分布，不同的是在中层的中心功能区，国内的科技期刊更愿意将版面进行二次划分，按照期刊的需要将功能区划分为两栏或三栏，目的是增加页面的信息量和版面的调理性，缺陷是容易造成主体图片偏小或回行过多，如样本中的 *Chinese Physics Letters* 网站将通知公告放在左列。国内学术期刊网站的当期文章目录与摘要占据整个网页的绝大部分，如 *Chinese Chemical Letters* 网站的主页部门基本就是主体论文的简明目录，造成阅读疲劳和拓展功能不足，同时，在版面编辑方面也略显单调，版面的亲和力不足。国内学术期刊网站的最下方大多是标配的 ICP 备号、联系方式等。国内的出版集团下的不同科技期刊网站的统一性和相似度不高，企业形象有待进一步建设。

第二，展示设计。国外科技期刊网站注重可视化图像在版面中的信息传递作用，通过比较发现，图像的传递效果比文字更容易吸引读者的注意力，借助视觉形式动力指引人们目光移动的顺序，最快速、直接地向大众解读所要传达的主题信息。国外科技期刊网站，图片质量较高、占比率高，例如样本中的 Cell 网站充满各种图片，即便是通俗易懂的内容也倾向于用相应图片展示（图 2-4）。某些国外学术期刊网站还将大文件量、高清晰度的学术解析图像存放在特定的链接中，以便读者点击查看研究细节，或用作教学课件及幻灯片使用。国外期刊网站除重视图片展示效果外，还有辅助解析的音频和视频内容，如样本中的 The Lancet 网站专门设有"多媒体（Multi-media）"项目栏，提供各种视频、音频；与其成组比较的国内 Chinese Physics Letters 网站几乎没有图片信息传递，也没有视频、音频展示和解读。

国内学术期刊网页在可视化程度上明显低于国外期刊网页，除期刊封面、广告位图外，基本看不到吸引眼球的主体图片，论文内容可视化程度不足[①]，国内抽样的 7 个科技期刊网页中，只有 Nano Research 网站在期刊的刊目推介中配有相应的图片，但图片的整体质量和展示效果与国外比较对象 Nature Nanotechnology 网站有明显差距（图 2-5）。

（3）扩展与增值服务比较

推介本刊刊登的重要科技论文成果、展示科技论文前沿理论，是科技期刊网站的主要目的，但在推介和信息交互的过程中，由此衍生出会员制服务，电子订阅派发服务，多语种翻译、学术会议、培训交流、广告刊发等增值服务，对网站的传播效果具有深远的影响。

第一，会员制服务。"会员制"服务模式是国内外普遍采用的扩展增值服务提供模式。通过对样本的比较我们可以看出，国外的科技期刊网站在会员制服务方面从会员的需求出发，通过观察会员对网站信息的关注度，推送会员有可能需要的教育、培训、项目基金、行业信息、产业分析、数据支持、就业信息及会员的求职信息等全领域的服务内容；从国内科技期刊网站的情况看，大多数样本网站的会员制功能主要基于网站自身的论文资源、浏览权限、下载内容、文档的兼容性、数据的检索范围等，对于科技期刊相关的外延服务较少，给予会员信息的覆

---

① 张新玲，谢永生. 科技期刊图形摘要存在的问题及处理对策［J］. 科技与出版，2015（6）.

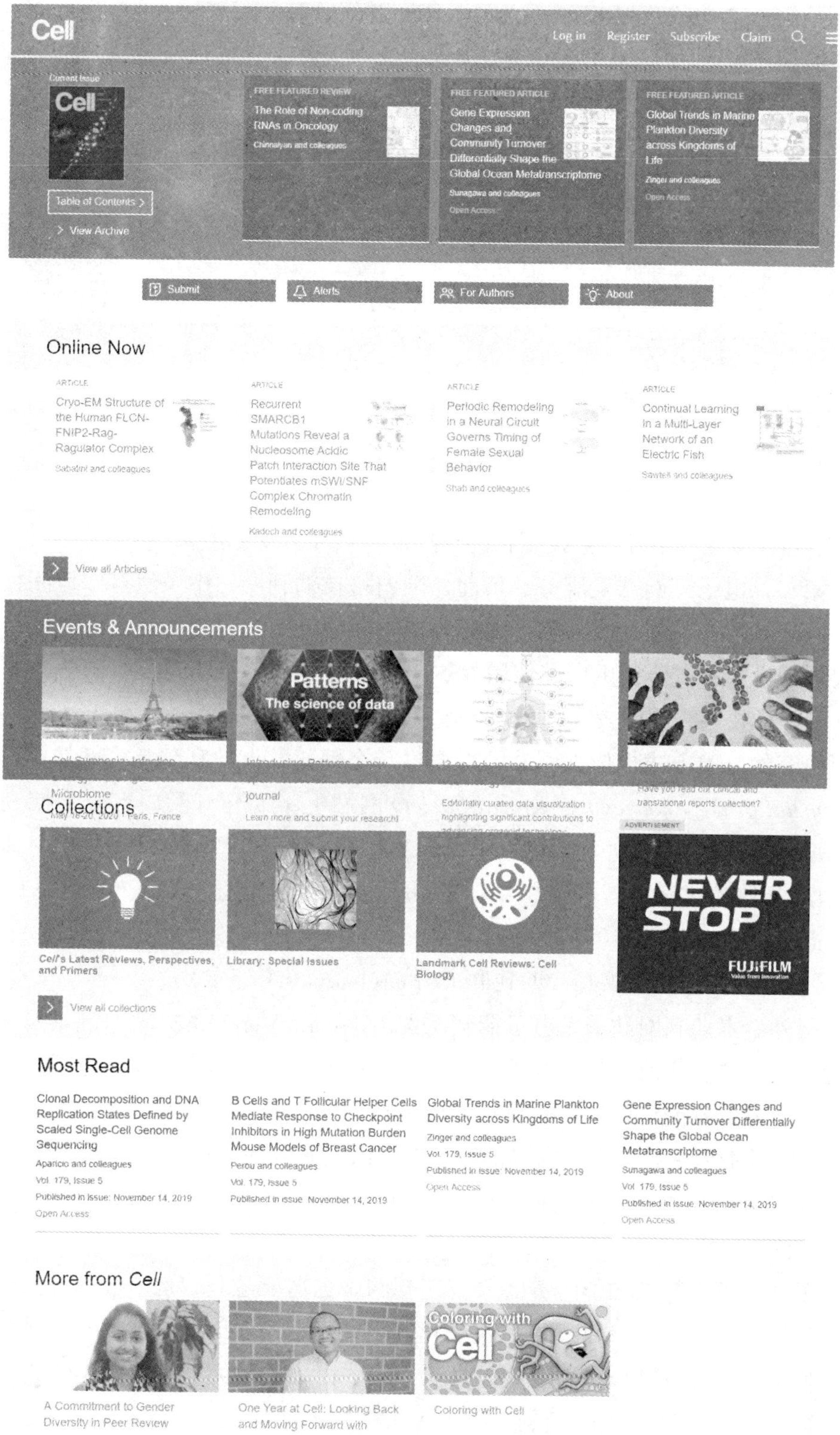

图2-4　*Cell*网站充满各种图片

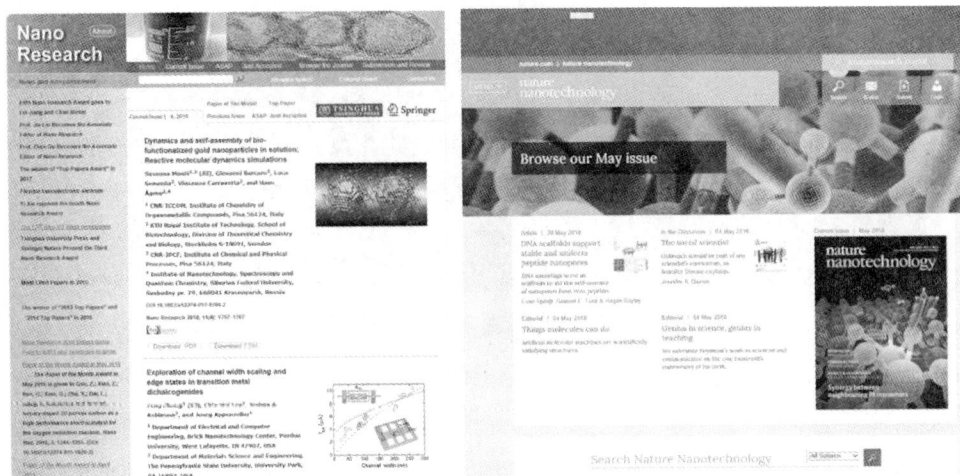

图2-5 科技期刊网站图片对比

盖度不高，交互性不好，数据平台的作用没有被充分挖掘出来。

第二，电子订阅派发服务。目前，国内科技期刊网站中虽然有"订阅栏"设置，但其使用性不强，使用度不高，科技期刊的订阅信息主要还是通过纸质版的方式进行投递和宣传，更少有使用 RSS 链接的国内科技期刊网站。与国内情况不同，国外科技期刊网站较为普遍地使用 RSSFeeds、E-mail Alert、Profit Service 等，订阅内容的分类方式也依据网站的需要进行个性化的设计和分类。例如，样本中的 *Journal of the American Chemical Society* 网站上将期刊订阅内容分为期刊文章（Journal Article）和独立开放部分（CAS Section）两类；*Nature* 网站上将订阅内容分为自然研究类期刊（Nature Research Journals）、自然综述类期刊（Nature Reviews Journals）、科学美国人（Scientific American）、新闻服务类（News Services）、自然出版类（Nature Publishing）、期刊群（Group Journals）等多类。

国外学术期刊网站采用电子期刊派发（E-mail Alert）的方式对网站及主要科技论文成果进行营销推荐，电子期刊派发可根据阅读者的需求发送电子期刊，同时可以运用大数据支持，分析网站受众及目标读者的需求偏好，提升网站的服务水平。从样本情况看，在国内提供电子期刊派发服务的科技期刊网站仅有 *Chinese Medical Journal*、*Chinese Physics Letters*、*Chinese Chemical Letters*，并且服务受众局限性较大。

第三，其他网站增值服务。科技期刊网站也需要盈利，也需要良好的运营方式，对此，国内科技期刊网站的运营能力明显不足，大部分科技期刊网站成为主办或主管单位的负增长，出现大量投入人力、财力、物力而多年无实际效益产出的状态。相比较而言，国外科技期刊网站的盈利能力极强，运营经验丰富，网站通过提供各种增值服务，不但提升了网站的传播效果，还提升了自身收益。例如，为平台上的作者或读者提供有偿的英语及其他国家语言的编辑服务；为网站科技期刊的黑白或彩色抽印本提供网上订购服务；为相关科技企业提供信息发布和广告服务；等等。

2.2.3　我国科技期刊网络传播效果提升的措施

随着网络技术的进步，我国科技期刊网络传播飞跃式发展，提供了比纸质杂志更丰富、展现力更强烈、更智能化的便捷服务，改变了人们传统的科技期刊阅读和检索方式。但是和国外先进的科技期刊网络传播效果相比，我国的网络传播方式运用还有待提高，网站视觉效果还有待提升，网络传播的盈利能力还有待加强。[①] 结合上述比较分析，笔者对我国科技期刊网络传播效果提升给出了以下建议。

（1）完善科技期刊评价体系

目前我国对科技期刊的评价体系仍建立在传统的纸质出版的基础上，主要的评价指标是基于中国科技论文统计源期刊，排序的方式主要按照总被引频次、影响因子等重要指标进行统计分析和评价，对科技期刊网站的传播效果和网站的数字化水平并未给予相应的评价标准指标。建议在现有的评价体系下，完善科技期刊网站建设的具体评价指标，并做关键节点的细化、量化，引导科技期刊网站重视传播效果，提升我国科技期刊网站的展示效果和运营能力，推进"互联网＋期刊"建设，着力解决科技期刊数字化出版和信息化发展的问题。

（2）提升网站的整体可视效果

国内科技期刊网站的可视化效果与国外的差距比较明显，从阅读受众的感官体验和传播效果来看有较大的提升空间。国内科技期刊网站提升传播效果的前提是具有高质量的图文内容，具有高品质的网站视觉传导效果，使受众能够更便捷、更直观、更具体地阅读科技论文，体会其中的精髓，并在网站视觉设计中提供全方位的视觉引导机制，满足读者的阅读需求。提升网站的整体可视性还要关注同类型或同一个出版集团下的整体网站效果和视觉引导途径，通过借助高质量的、专业的设计团队和编辑队伍的有效沟通，采用图片、影视、音频等多种展示、编辑、诠释手段，提升整体的网站设计和视觉传导效果。

（3）提升网站图文编辑质量

提升科技期刊网站图文编辑质量，科技期刊网络传播需要借助新闻传播、论文交流、社交平台互动、移动终端电子期刊传播等多种途径，每种传播途径都需要专业的编辑团队和管理团队进行深度维护和扩展，充分挖掘网站传播的有效性

---

① 李若溪，游中胜，田海江，等. 我国学术期刊的网站建设现状调查与网络期刊进化趋势分析［J］. 中国科技期刊研究，2013，24（6）：1049-1056.

和生命力。近年来，科协科技期刊符合出版提出"一种内容、多种载体""一次制作、多元发布"等方面的要求，这就要求编辑扎实提升科技期刊内容数字化加工水平，以内容资源数字化为根本，充分发挥编辑在内容结构、文字表述、图片配置方面的控制力。编辑在内容生产过程中，不但要关注传统的出版需求，同时要兼顾网站互联网传播需要，对网上读者、手机读者和手持阅读器读者的相关需求进行关注。编辑在开发增值服务的过程中可考虑多语言互译，多语种匹配等编辑服务，充分运用语义技术等信息手段，为智能化出版和网络传播效果提升、网站增值能力提升提供有效途径。① 在有效多样的传播途径下，科技期刊的编辑更要做好统筹、控制层级关系，编辑能力以及编辑风格的偏好直接关系到科技期刊网站相应版块的设计风格，也会影响整体网站的传播效果。

（4）拓宽增值服务渠道

科技期刊网站是为读者服务的载体，但也需要受众给予信息和经济支撑，盈利能力也是评价一个科技期刊网站的重要指标，科技期刊通过拓宽增值服务手段，提高盈利能力，不但保证了网站的正常运营，还可以提升网站的服务质量，逐步提高网站的服务内容，两者相辅相成。我国的科技期刊网站运营方式单一，并且大都处于需要上级单位或出版单位输血的状态，建议我国科技期刊网站通过挖掘受众需求，一方面通过提供科技文献的摘要、全文、数据及期刊简介等基本信息获取经营收入；另一方面挖掘科技论文多语种翻译、科技培训、会议组织、信息交互、线上线下咨询等多种服务渠道，通过服务终端受众、获取经营收益的方式，延伸我国科技期刊网站传播的产业链，在获得更高附加值的网站收益的同时，提升科技期刊网站的传播效果。②

2.2.4 结语

通过比较分析，本节对国内外科技期刊网站的传播效果进行了粗浅的对比分析，展现出我国科技期刊网站传播效果存在的问题及主要的优势。同时，"他山之石，可以攻玉"，借鉴国外科技期刊网站传播的先进经验，通过在传播路径选择偏好、载体倾向选择、新闻化、受众参与度、网站整体设计以及扩展与增值服务等方面的成功案例，提出完善我国科技期刊网站传播建设途径、提升我国科技期刊网站传播效果的有效措施，增强我国科技期刊网站借助网络媒体传播的有效性。

① 邵玉娴. 大数据时代学术期刊的变革及编辑工作的转型［J］. 编辑学报，2014，26（Sup.1）：152-155.

② 游滨. 学术期刊数字化发展趋势及因应策略［J］. 编辑之友，2016（11）：36-41.

2.3　新媒体时代下科技期刊的增强出版研究 ①

2014 年 8 月 18 日，中央全面深化改革领导小组第四次会议审议通过《关于推动传统媒体和新兴媒体融合发展的指导意见》，自此，我国媒体融合进程正式开启。之后，融合进程就在不断提速和加深，并取得诸多突破和成就。融合发展是基于媒体融合而发生的，指的是出版技术的融合发展，传统出版和新兴出版的融合发展；融合发展是中国出版业在技术融合、媒体融合的出版环境下，在意识形态治理和文化消费需求、出版市场竞争之间寻求生存和发展，探寻出版运行机制和发展规律，谋求新旧出版共赢发展的战略选择。② 媒体融合推动出版融合的纵深发展，目前已经成为国家和整个出版业的共识。2019 年 1 月 25 日，中共中央政治局就全媒体时代和媒体融合发展举行第十二次集体学习，习近平总书记在主持学习时强调："推动媒体融合发展、建设全媒体成为我们面临的一项紧迫课题。要运用信息革命成果，推动媒体融合向纵深发展，做大做强主流舆论，巩固全党全国人民团结奋斗的共同思想基础，为实现'两个一百年'奋斗目标、实现中华民族伟大复兴的中国梦提供强大精神力量和舆论支持。"③ 因此，作为以科技知识传播为己任的科技期刊，必须顺应发展趋势，依托融合出版，提供知识服务。

伴随着计算机技术、互联网和移动互联网技术的发展，科技期刊通过数字出版和交流平台的建立和完善，以数字形式对知识资源进行传播和发布，有效地提高了传播效率。然而，随着科学研究对数据材料、多媒体信息、软件工具等非文献型数字资源的重视，科技期刊逐渐意识到科学交流方式与科研成果多元化的矛盾。由此，"增强出版"应运而生，它利用新技术，改变了传统论文单一、静态的特点，增加了论文的内容呈现形式和传播手段，成为一种新型的出版模式。

2.3.1　增强出版相关原理

（1）增强出版的概念

增强出版（enhanced publication）：是传播和分享研究成果的一种电子出版形式。与传统的数字出版物不同，增强出版通常由一组相互关联的部分组成，这些部分对应于多种类型的研究资产（如数据集、视频、图像、样式表、服务、工作

---

① 本节主要执笔人为清华大学出版社期刊中心韩婧。

② 曹继东 . 中国出版融合发展趋势研究［M］. 北京：中国社会科学出版社，2016：3.

③ 习近平：推动媒体融合向纵深发展巩固全党全国人民共同思想基础［EB/OL］.（2019-01-25）［2019-03-15］. http://www.xinhuanet.com//2019-01/25/c_1124044208.htm.

流、数据库、演示文稿）和研究的文本描述（如论文、章节、表格）。增强出版打破了传统出版中篇幅和出版形式的限制，能更丰富地展示研究成果。[①]

（2）增强出版的标准

Verhaar（2009）描述了增强出版的对象模型，建议按以下标准创建增强出版物：可以随时指定增强出版的组成部分；可用作通过 URI 访问的网页资源，其组件也是一样；可以展开——向发布中添加其他自治复合对象；能够追踪整个增强出版及其组成部分的不同版本；具备可以记录添加到出版物资源的属性，如语义类型、标题、作者、修改日期、URI 等；能够完整记录增强出版的作者身份；确保对增强出版的长期保存；能够记录增强型出版中包含的网络资源之间的关系；确保获取增强出版资源的机构必须可以发现它们；提供增强型出版访问权限的机构必须确保这些文档可以作为基于 OAIORE 模型的文档。[②]

（3）增强出版的格式

增强出版重点在于结构元数据的输出。结构元数据方案非常重要，因为它们表达了对象的结构方式以及与描述性元数据的关系。这对于收集者和聚合者交换记录很重要，特别是在 DRIVER Ⅱ 的重点——强化出版物的情况下，元数据与不同位置的不同文件相关联。有哪些选择可以更容易地访问元数据，还可以访问出版物？从技术角度来看，有 5 个分类可供选择，虽然此分类并不严格，但显示了技术趋向于移动的方向：①封装，复合对象或包装格式——这些格式提供对元数据，结构化数据，标识符的访问，有时还可以在一个包（封装）中访问出版物的二进制流，它们倾向于给出完整的描述，理想情况下没有外部依赖；②覆盖图，地图——这些格式在互联网资源的现有网络之上提供覆盖，它们倾向于将资源引用归类，识别并描述所有部分的内容，结构和关系；③嵌入或扩展现有资源——这里没有新的资源被引入网络，但通过添加语义注释来丰富现有的资源；④新/旧的发布格式——使用新的 HTML 版本和 XML 发布格式，使开放语义变得丰富、可抓取文档变得可用；⑤网页服务——对于 Web 服务，除了 OAI-PMH，还需要在数字存储库之上添加 API，以回答集合内容的问题。

2.3.2 增强出版的模式

（1）国外科技期刊增强出版示例

从形态上分为文本、图片、音视频、数据集等多种数字形态。科技期刊经

---

① 中国科学技术协会．中国科技期刊发展蓝皮书（2018）［M］．北京：科学出版社，2018：12．

② Emerging Standards for Enhanced Publications and Repository Technology：Survey on Technology［EB/OL］．［2019-03-15］． https://www.researchgate.net/publication/254908849.

过增强出版后，可将研究数据、额外资料等不同形式的数据集成链接，帮助科研人员系统地理解研究数据及信息的产生、应用与创新过程，便于用户快速利用资源地图及永久标识符等在不同类型资源中快速检索和定位用户需求的资源。增强的内容要具有机器可读、智能标记及结构化的特点，需具备关键词和数字摘要。[①]

第一，利用增强出版丰富纸质文献中的某些知识点，如扩展图表、实验方法、表格、讨论、公式、视频、数据集（数据来源网址、数据有效性测试网址、数据库或科研工具网址等）、相关论文推荐等（图2-6）。

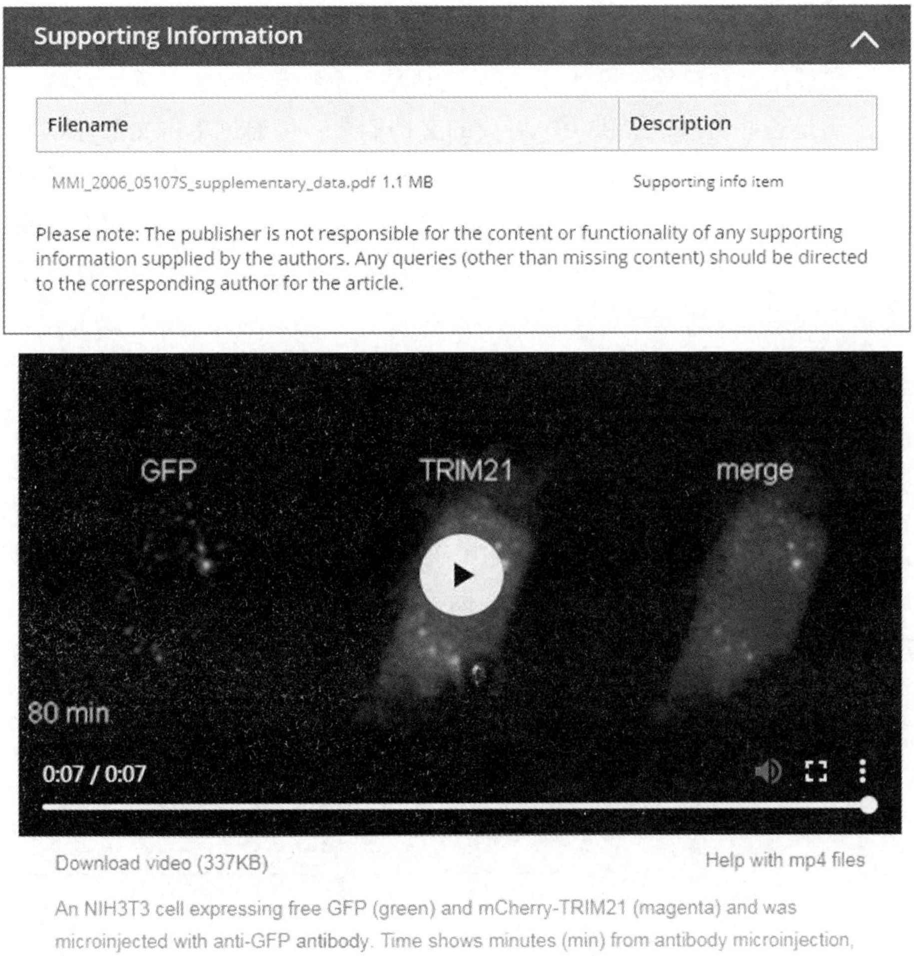

图2-6　PDF、视频、扩展图表等

来源：http://onlinelibrary.wiley.com/doi/10.1111/j.1365-2958.2006.05221.x.

---

① 李小燕，田欣，郑军卫，等.科技期刊增强出版及实现流程［J］.中国科技期刊研究，2018，29（3）：259-264.

Excel、电子制表软件如图 2-7、图 2-8 所示，其他增补信息如图 2-9 所示。

第二，利用增强出版实现对文章的深度标引。目前，利用文本挖掘、语义标注等先进的语义出版技术，增强型数字期刊出版模式不仅能够自动识别、标注文章中常用的本体和实体，而且能够对特定领域中的术语进行自动识别和标注，从而实现对文章的深度标引。

第三，利用增强出版实现科学信息的个性化和开放共用。一方面，增强型学术期刊出版模式利用基于语义的个性化推荐技术为用户开展个性化信息推荐服务；另一方面，增强型学术期刊出版模式运用开放链接技术与标准实现多类型信息的开放共用。

读者看到一篇文章可能会想"我希望能一眼看到本文中最重要的主题"，或者"我想知道这篇文章是否提到某某"（某某是一个特定的地方、人、动物、疾病等）为了满足这些需求，提供一个可读的文档摘要，可通过单击文章标题后面的文档摘要按钮进行访问，图 2-10 展示的就是其中的标签云。标签云按照字母顺序显示文章中突出显示的术语（机构名称和个人名称除外），以适当的突出颜色显示，大小与文本中出现的频率成正比。只需简单看一眼这个标签云，就可以立即看到本文中处理的主要主题。

标签树。在标签云之下，这些相同的术语被分为用于突出显示文本（日期、疾病、栖息地、机构、有机体、人员、地点、蛋白质和分类群）的九个语义类别。人名单包括文中提到的人和文章的作者，其名字用粗体显示，但不包括引用参考文献的作者。在这些列表中，我们保留了来自标签云的术语的颜色和相对大小，并在适当的时候将它们排序为非正式的层次结构——对于地点和生物体尤为明显。我们称这些显示为标签树（图 2-11）。标签树提供了一种将标签云的优点与层次结构的语义顺序相结合的新颖方式。为了使标签云和标签树有效地工作，我们手

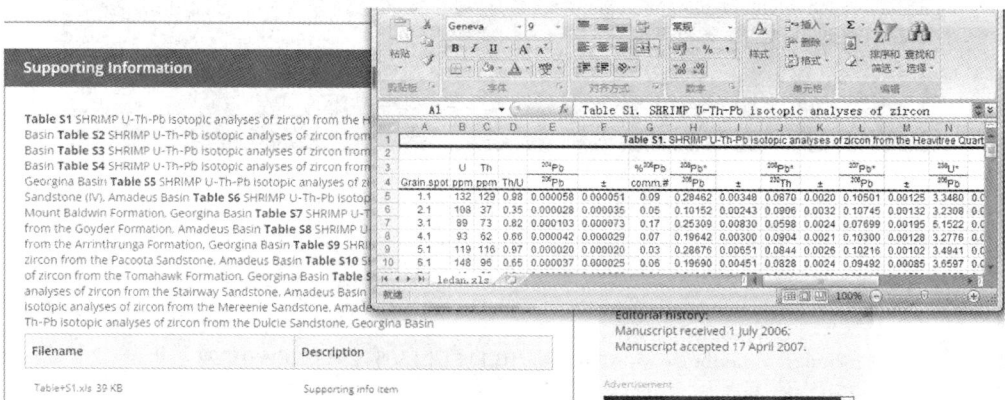

图2-7　Excel

来源：http://onlinelibrary.wiley.com/doi/10.1111/j.1365-2117.2007.00326.x.

Supporting information

S1 Table.xlsx

	A	B	C	D
1	Sequence id	Origin	Haplogroup	Genbank ID
2	LEB2_10AJ180	Lebanon	H	KY797164
3	LEB72_7AJ49	Lebanon	H	KY797233
4	LEB81_8R4	Lebanon	H	KY797242
5	LEB86_9R158	Lebanon	H	KY797247
6	LEB1_10AF306	Lebanon	H+152	KY797163
7	LEB63_5AJ49	Lebanon	H+152	KY797224
8	LEB27_17AR19	Lebanon	H+16311	KY797189
9	LEB22_16AQ126	Lebanon	H+73	KY797184
10	LEB8_12AJ90	Lebanon	H1	KY797170

Sheet1

figshare　　1 / 8 ◁ ▷ ☰　　⬀ download

图2-8　电子制表软件

来源：http://journals.plos.org/plosone/article?id=10.1371/journal.pone.0190169#sec023.

Abstract
Introduction
Materials and methods
Discussion
Conclusion
Supporting information
Acknowledgments
References

Reader Comments (0)
Media Coverage (3)
Figures

https://doi.org/10.1371/journal.pone.0188380.s002
(TIF)

S1 File. Body restoration formula from Pyenson and Sponberg (2011).

https://doi.org/10.1371/journal.pone.0188380.s003
(R)

S2 File. Cladistic matrix in nex format.

https://doi.org/10.1371/journal.pone.0188380.s004
(NEX)

S3 File. Cladistic matrix in tnt format.

https://doi.org/10.1371/journal.pone.0188380.s005
(TNT)

S4 File. Character list.

https://doi.org/10.1371/journal.pone.0188380.s006
(DOCX)

S5 File. List of modifications for character list.

https://doi.org/10.1371/journal.pone.0188380.s007
(DOCX)

S6 File. Tree file of analysis 1.

https://doi.org/10.1371/journal.pone.0188380.s008
(TRE)

S7 File. Tree file of analysis 2.

https://doi.org/10.1371/journal.pone.0188380.s009
(TRE)

图2-9　其他增补信息

来源：http://journals.plos.org/plosone/article?id=10.1371/journal.pone.0188380#sec039.

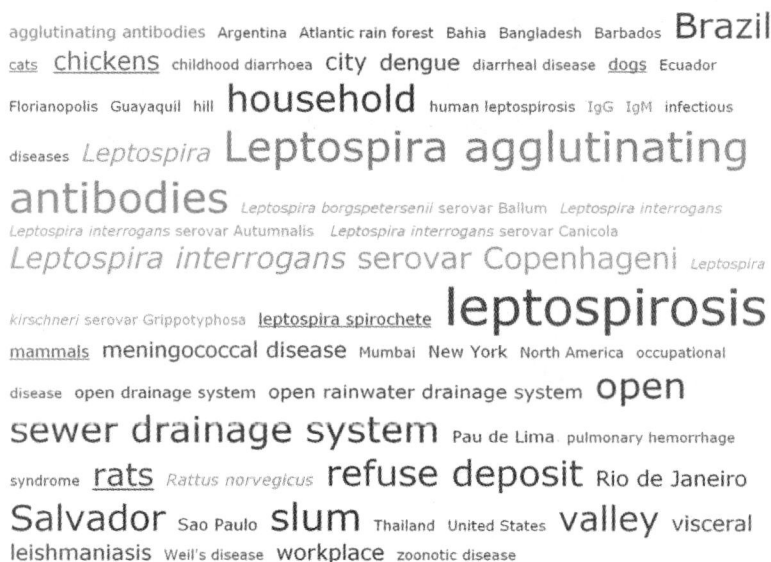

图2-10　标签云

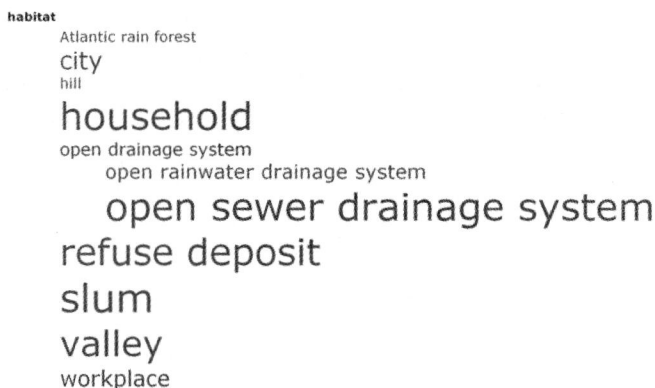

图2-11　标签树

动组合了类似的术语。例如，文章中出现的"拒绝""累积垃圾""开放式累积垃圾""垃圾押金""开放式垃圾押金""公开垃圾押金"等词汇被合并为单项——"拒绝存款"，并加上适当的权重。

《PLoS被忽视的热带疾病》杂志（*PLoS Neglected Tropical Diseases*，下文简称*PLoS NTD*）提供新的超链接。①链接引用的参考文献。文章会提供一个来自每个参考文献的通用链接，标签为"在线查找此文章"，该链接将读者带到一个页面，指出"该文章可能存在于PubMed/NCBI或Google学术搜索"，允许尝试搜索。原始*PLoS NTD*文章的读者因此至少要从任何参考文章的摘要或全文版中点击2次，并且面临是否使用PubMed或Google Scholar来查找它的认知决定，这是非常低效的制度和学术界的重大障碍。②超链接到外部网站。文章中增加了作者学术机构的主页，其资助机构和软件供应商的主页，以及本文引用的各种传染病研究中心和政府机构的链接。在新文件标题中，添加了原始文章和 PLoS NTD 主页的链接；在文档页脚中，添加了自然的引文书签服务 Connotea，Web 2.0 社会书签服务 Delicious，Creative Commons 授权以及增强的工作链接，以及万维网联盟的 XHTML/RDFa 网页验证服务（W3C），表明增强型出版满足这些 Web 互操作性标准。在作者摘要下的文章引文框中，添加了一个从原有 PLoS 版权声明到原创文章发表的 Creative Commons Attribution License 的链接。还直接在文章自己的引文框中添加了一个增强引文框，其中包含与增强型作品的知识共享署名许可相似的链接，并链接到我们自己的图像生物信息学研究组（IBRG）主页（http://ibrg.zoo.ox.ac.uk/）。

第四，利用增强出版实现对文献的多重呈现。通过互动分享、多终端自适应和可视化，实现对文献的多重呈现。在互动分享方面，实时互动交流平台的搭建，为作者、读者和编辑等提供了互动交流的机会，实现了信息增值。增强型学术期刊出版模式利用 HTML5、CSSS 3 等技术，已经能够根据读者使用的终端特性的不同而自动调整页面布局、文字大小等呈现样式，实现最佳的阅读和使用体验。

PLoS NTD 的文章原图（图 2-12）直观地传达了如下结果：图 A、图 B 和图 C 是"热图"，与钩端螺旋体病发病有关，其中较深的颜色表示发病率较高；图 D 是地形图；图 E 显示了下水道和雨水沟的位置；图 F 突出了垃圾沉积物的尺寸和位置。每个面板对应相同的空间区域 – 研究地点。然而，读者需要自行脑补，在思想上覆盖这些地图，以获得文章描述的视觉相关性。而图 2-12 的增强版本是交互式的，允许用户拖动图形的各个面板并将它们叠加在另一个面板上，效果如图 2-12 中的 a 和 b。这极大地帮助读者更快速全面地了解所呈现的结果。

文献中设置了读者评论、媒体报道等互动方式，还允许作者通过分享等方式将文献推荐给好友或者个人博客等社交媒体，进一步扩大了文献的呈现和传播范围（图 2-13）。

（2）国内科技期刊增强出版示例

第一，电子期刊。《机械工程学报》编辑部在论文增强出版模式方面做出了有效的探索，以数字资源为中心，制作了电子期刊，提供网页版、单机版、手机版 3 种形式。编辑部出版的《机械工程学报》和 Chinese Journal of Mechanical Engineering 两刊均为机械工程学科的综合刊，涵盖机构学、制造科学与技术、运载工程、可靠性工程等专业。利用数字化技术，使得论文所展示的内容不仅仅局限于文字和图片，还附加了增强出版的信息。2017 年，《机械工程学报》刊登含有增强出版信息的论文占全部论文的 40% 左右。以《机械工程学报》刊登的《一种高性能花瓣廓形胶囊机器人》论文为例，结合数字化技术，在电子期刊上，除了

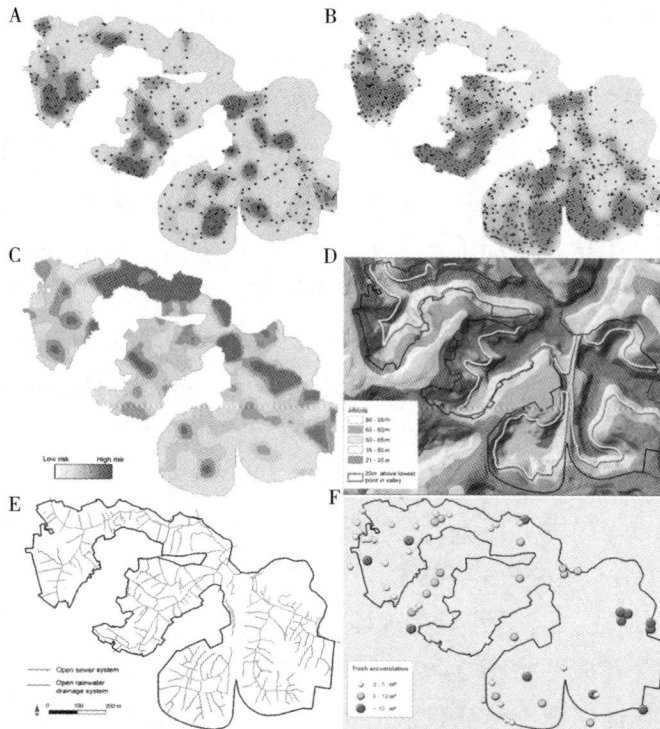

文章原图

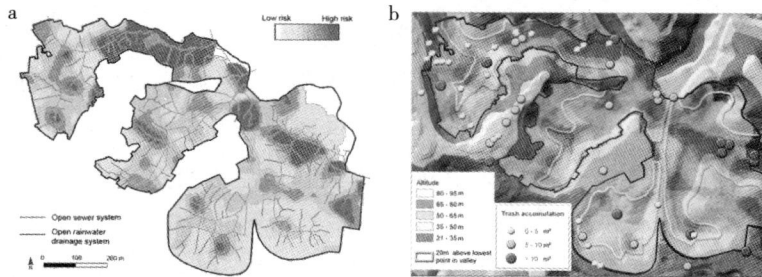

图2-12　增强出版实现互动图

将作者的文字、图片数字化，还将作者围绕研究胶囊机器人运动的实验过程信息以视频的形式展现出来，让读者真实看到了胶囊机器人在羊肠、猪肠、空间螺旋肠道等环境下游动的情形及不同廓形设计对胶囊机器人运行速度的影响比较。直观的视觉刺激效果远远高于文字的表达[①]（图 2-14、图 2-15）。

2017 年，编辑部两刊还出版了多个与"中国制造 2025"相关的专栏，从中选择了"中国天眼：500m 口径球面射电望远镜（FAST）"和"汽车先进动力系统的设计、优化与控制"制作成电子期刊单行本。在电子期刊上实现了对文本、图像、

---

① 张强，王淑芹. 科技期刊增值出版模式的探索［J］. 科技与出版，2018（5）：26-30.

Impact of Environment and Social Gradient on *Leptospira* Infection in Urban Slums

Renato B. Reis [✉], Guilherme S. Ribeiro [✉], Ridalva D. M. Felzemburgh, Francisco S. Santana, Sharif Mohr, Astrid X. T. O. Melendez, Adriano Queiroz, Andréia C. Santos, Romy R. Ravines, Wagner S. Tassinari, Marília S. Carvalho, Mitermayer G. Reis, Albert I. Ko [✉]

Published: April 23, 2008 • https://doi.org/10.1371/journal.pntd.0000228

| Article | Authors | Metrics | Comments | Related Content |

Download PDF ▾

Print **Share**

- Reddit
- Google+
- StumbleUpon
- Facebook
- LinkedIn
- CiteULike
- Mendeley
- PubChase
- Twitter
- Email

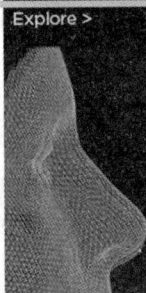

Explore >

Abstract
Author Summary
Introduction
Methods
Results
Discussion
Supporting Information
Acknowledgments
Author Contributions
References

Reader Comments (2)
Media Coverage (0)
Figures

Abstract

Background

Leptospirosis has become an urban health problem as slum settlements have expanded worldwide. Efforts to identify interventions for urban leptospirosis have been hampered by the lack of population-based information on *Leptospira* transmission determinants. The aim of the study was to estimate the prevalence of *Leptospira* infection and identify risk factors for infection in the urban slum setting.

Methods and Findings

We performed a community-based survey of 3,171 slum residents from Salvador, Brazil. *Leptospira* agglutinating antibodies were measured as a marker for prior infection. Poisson regression models evaluated the association between the presence of *Leptospira* antibodies and environmental attributes obtained from Geographical Information System surveys and indicators of socioeconomic status and exposures for individuals. Overall prevalence of *Leptospira* antibodies was 15.4% (95% confidence interval [CI], 14.0–16.8). Households of subjects with *Leptospira* antibodies clustered in squatter areas at the bottom of valleys. The risk of acquiring *Leptospira* antibodies was associated with household environmental factors such as residence in flood-risk regions with open sewers (prevalence ratio [PR] 1.42, 95% CI 1.14 –1.75) and proximity to accumulated refuse (1.43, 1.04–1.88), sighting rats (1.32, 1.10–1.58), and the presence of chickens (1.26, 1.05–1.51). Furthermore, low income and black race (1.25, 1.03–1.50) were independent risk factors. An increase of US$1 per day in per capita household income was associated with an 11% (95% CI 5%–18%) decrease in infection risk.

Conclusions

Deficiencies in the sanitation infrastructure where slum inhabitants reside were found to be environmental sources of *Leptospira* transmission. Even after controlling for environmental factors, differences in socioeconomic status contributed to the risk of *Leptospira* infection.

图2-13 互动展示

音频、视频、源程序等多种信息的综合处理。读者在阅读论文的同时，还可以实现论文中图片放大、文本搜索功能，以及对作者、团队的了解，实验过程视频、数据处理源程序的获取。这不但初步实现了科研成果的全景展示，还提升了论文的可读性。

第二，微信公众平台。"内容聚合＋深入社交"的微信公众平台通过期刊文献信息的深加工、相关资源的再组合，提供符合读者需求的学术信息服务。《机械工程学报》编辑部微信公众平台目前主要设置了论文推荐、科技论文写作、走近科研团队、高端学术会议报道、专家访谈等栏目。同时，在栏目内容上也注重相互配合。2017年8月，编辑部应邀参加由华中科技大学主办的第10届智能机器人与应用国际会议，以该会议为主线，从2017年2月开始，编辑部在微信公众平台做会议前期预告，6月推出软体机器人专栏，并以专栏形式在微信公众平台做推广，基本每篇文章都有视频信息和科研团队介绍。8月，在会议举办期间，将软体机器人专栏通过微信公众平台在会场推广，并对会议进行跟踪报道，捕捉会

一种高性能花瓣廓形胶囊机器人*

张永顺　迟明路　程存欣　张　雨

（大连理工大学精密与特种加工教育部重点实验室　大连　116024）

摘要：为提高肠道内综合驱动性能，提出一种新型花瓣状结构胶囊机器人，机器人表面四块偏心花瓣廓形与管壁形成四个收敛楔形空间，使流体运动路径发生改变并产生多模形效应。根据库埃特流动理论，借助牛顿内摩擦定律建立花瓣型胶囊机器人流体动力学模型，在求得机器人稳态游动速度、流体动压力及流体扭转力矩解析解的基础上，对花瓣型胶囊机器人综合性能进行研究。理论与试验证明花瓣型胶囊机器人表面流体动压与稳态游动速度更大，流体扭转力矩更小。花瓣型胶囊机器人的综合性好，实现机器人在管道内全悬浮式非接触游动，诊断遍历时间更短，对肠道的扭曲作用更小，安全性更高，在胃肠道诊断领域实用前景良好。

关键词：花瓣型胶囊机器人；多模形效应；流体扭转力矩；综合驱动性能

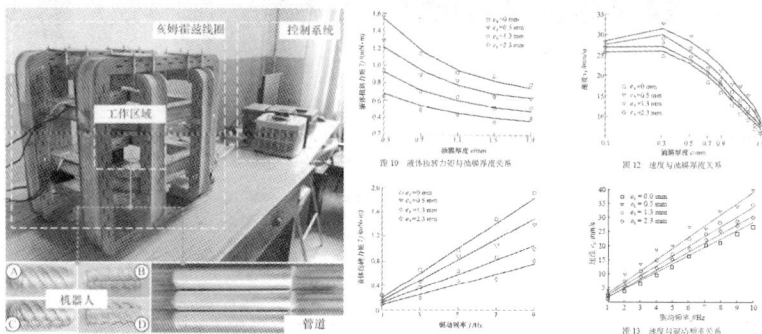

图2-14　纸质版原图

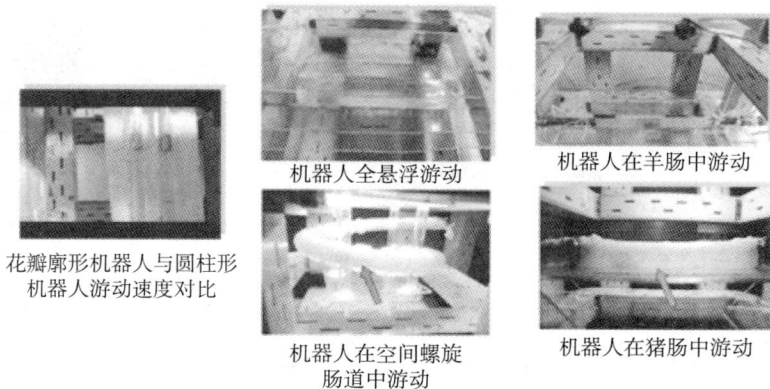

花瓣廓形机器人与圆柱形机器人游动速度对比

机器人全悬浮游动

机器人在羊肠中游动

机器人在空间螺旋肠道中游动

机器人在猪肠中游动

图2-15　电子刊增强出版

议期刊的花絮。会后参观了华中科技大学机械学院，对学院近年来取得的优秀科研成果进行了详细报道。后期又对软体机器人专栏刊登后的各项数据进行了跟踪，数据明显高于同期刊登论文和专栏[①]（图2-16）。

编辑部同时注重在微信公众平台与读者、作者的互动。微信公众平台推出了"科技论文写作"和"科研中的问题你问我答"两个栏目，帮助作者将优秀的科研成果尽快发布。经过近两年的运营，微信公众平台逐渐成为编辑部传播期刊内容、整合学术资源、塑造期刊品牌形象的主要阵地之一。

第三，网站。2017年，《机械工程学报》编辑部与刊发论文的作者积极沟通，

---

① 张强，王淑芹. 科技期刊增值出版模式的探索［J］. 科技与出版，2018（5）：26-30.

图2-16 微信公众平台

深挖论文内容，获得了论文相关的实验视频、原始数据、源程序、专家团队介绍等附加信息。与此同时，编辑部与第三方技术公司开展全方位合作，借助现代数字技术，以每一篇科技论文的结构化和碎片化为基础，以富媒体形式呈现并实现论文的关联阅读和延伸阅读功能。Chinese Journal of Mechanical Engineering 自2017年第4期实现部分文章增强出版，将获取的附加信息展现在网站上，供读者浏览。《机械工程学报》2018年在官方网站上实现部分文章增强出版。通过内容的收集和深加工形成的结构化文本、图片、原始数据、音视频等数字内容资源与编辑部的专家资源相集成，提取图片、表格等结构化数据用于分类展示，结合编辑加工与校对过程中对知识理解的深挖掘，形成丰富的全媒体资源库，实现图表等信息的检索功能[①]（图2-17）。

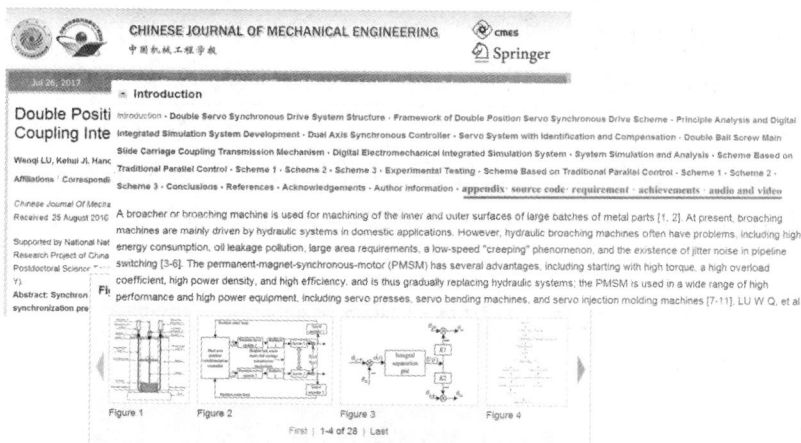

图2-17 网站对文章的增强出版

---

① 张强，王淑芹. 科技期刊增值出版模式的探索［J］. 科技与出版，2018（5）：26-30.

2.3.3 增强出版的发展特点

从上述国内外案例可以看出，增强出版不同于其他融合出版的相关概念，如开放获取出版侧重于经营，语音出版侧重于新兴技术的运用，优先出版侧重于平台建设等，增强出版目前主要侧重于对学术论文内容的融合，发挥内容优势以发展创新。

第一，与技术密不可分。出版产业的发展与科学技术的进步总是密不可分的，增强出版丰富的内容展现形式更是依托大数据、语义技术、文本和数据挖掘等技术，对更多内容资源进行有序组织，从而形成了以根出版物（论文）为中心的复合数字对象，有效地整合和共享了科研过程中产生的却无法在传统出版中显示的科学数据资源。如通过可视化工具来加强文章的补充数据、通过文章存储的数据而生成的动态图像使底层数据清晰展现、借助地图界面的地理标记更使定位搜索具有精确性。在整合过程中，增强出版依托新技术，也为各种数据之间架设起一条智能的"数据快速通道"，实现科学信息的智能化发布、个性化获取、开放性共享。[①]

第二，丰富的内容展现形式。增强出版主要就是围绕学术论文内容资源进行扩展，准确、详细地描述和记录相关信息，打破传统出版静态的存在，以动态的方式嵌入整个科技期刊出版周期，并围绕数据，以丰富的形式展现科研成果。作者在传统科技期刊上刊登文章时，由于受版面篇幅和载体的限制，往往要对科研数据进行取舍，无法为读者更好地模拟实验提供充分的数据。而增强出版在内容、形态等方面能更立体、全面地展示实验数据，促使读者了解详细的实验过程。从内容上可分别扩展出研究数据、额外材料、参考文献、图片摘要、相关新闻、媒体报道、读者评论等。[②]特别是针对某一知识点，可增补扩展图表、讨论、公式、视频、相关论文等内容来加深对知识点的理解。形态上可通过文本、图片、音（视）频、数据集等多种途径展示数据资料。经过增强出版，科技期刊可将不同形式的扩展资料集成链接，有利于读者系统地理解研究数据及信息的产生、应用与创新过程，并且能根据用户需求快速利用标识符等在不同类型资源中检索和定位。

第三，与新媒体相结合。新媒体已成为普通大众不可或缺的传播和交流媒介。而随着新媒体更加紧密地应用于 PC 端和移动端，更多的科研人员愿意通过

---

① 刘锦宏，张亚敏，徐丽芳. 增强型学术期刊出版模式研究［J］. 编辑学报，2016，28（1）：15-17.

② 李小燕，田欣，郑军卫，等. 科技期刊增强出版及实现流程［J］. 中国科技期刊研究，2018，29（3）：259-264.

新媒体展示自己的研究成果，使自己的工作更容易被同行发现。增强出版与新媒体的结合，通过互动分享、多终端自适应、对文献的多重呈现，为作者、编辑、读者三者的实时互动和交流搭建平台。读者和作者可以通过分享等方式将文献推荐给他人或链接到个人推特、博客、微信等新媒体，这也从另一方面进一步扩大了文章的传播范围。此外，增强出版与新媒体的结合也使科技期刊实现知识增值成为可能，科技期刊要充分利用新媒体交互性强的特征，将增强出版物根据用户需求进行精细化制作，从而开发出新媒体时代科技期刊营销的新路径。

媒体融合是科技期刊转型升级势在必行的选择，科技期刊要想在融合出版大潮中实现长足发展，就必须寻求有效的路径。当然，无论融合出版朝什么方向发展，科技期刊内容为王的优势应始终保持不变，增强出版的应用可以最大限度地实现科技期刊的内容传播，通过为读者提供增强出版资料，延伸读者的多种感官，改变传统科技期刊静态、单一媒体、被动的呈现形式和传播形式。与国外增强出版成功案例相比，我国的增强出版仍处于起步摸索阶段，面对资料制作乏力、数据管理待规范、版权归属不明晰等困境[①]，中国科技期刊更应顺应时代发展潮流，充分挖掘科技期刊的服务功能，提高核心竞争力，实现科技期刊的可持续发展。

2.4 学术社交型平台的运营服务能力分析[②]

学术社交平台借助互联网，通过提供学术科研的辅助工具和服务，汇聚人们在进行学术研究过程中的沟通需求。学术社交网络与一般的社交网络不同，学术社交的目的性较强，网络的关系一旦形成，比较容易维持和加强。

目前国外主要的学术社交平台有 ResearchGate、Academia.edu、Mendeley 等，中国主要的学术社交平台有"科学网""小木虫""经管之家""丁香园"等。

与国外的学术社交平台相比，中国的学术社交平台普遍国际化程度较低，而且大多专注某一领域，国际影响力非常有限。

有学者曾经调查中国用户在国际社交平台中的注册情况。在 ResearchGate 中，中国用户占比 14.9%，排名第二，比排名第一的美国少了 0.8 个百分点；在 Academia.edu 中，中国用户占比 5.1%，排名第五；在 Mendeley 中，中国用户占比

---

① 李宁. 学术论文增强出版的困境及对策［J］. 科技与出版，2018（9）：124–129.
② 本节主要执笔人为牡丹江师范学院逄丽东、北京印刷学院张聪。

19.7%，排名第一，比排名第二的美国还多 5.7 个百分点。可见，中国学者非常需要国际化的学术社交平台。由于国内的科研评价体系和交流水平有限，国内学者更倾向于使用国外的学术社交平台，进而会出现更多的学术资源和学术思想流失。

通过对国外学术社交平台运营服务的研究，以及对比分析中国学术社交平台存在的问题，希望本节能对推动中国学术社交平台国际化、提升中国学术社交平台的国际影响力提供建议和参考。

2.4.1 国际学术社交平台的发展特点分析

（1）发展速度快，潜力大

国内外的学术社交平台的发展历史大多不过十几年时间，但是发展速度极快，发展潜力巨大。以 Mendeley 为例，它由 3 位德国博士研究生开发，于 2008 年 8 月上线。2013 年 4 月，被学术出版巨头 Elsevier 集团以 7600 万美元的价格收购，成为旗下一个重要的业务组成部分，目前有 3000 多万用户。ResearchGate 于 2008 年 5 月上线，已有超过 1400 万名注册用户。Academia.edu 也是于 2008 年上线，是美国一个学术性社交网站，目前已经有 1400 多万用户，每天大约有 4000 名新用户加入。这三大学术社交平台几乎是同时诞生，都已经发展到千万用户以上的规模，并且还在不断发展壮大。

（2）社交功能强大

学术社交平台最大的特点就是分享和社交。这些国际学术社交平台，除了常规的社交网络的一些功能，还增加了一些类似于豆瓣的兴趣小组或者科学讨论会议之类的功能，更加符合科研人员的工作社交需求。学术社交科研让学术信息更为透明，提升了学术效率，让对某个课题感兴趣的全世界范围内的科学家可以协同工作，不做重复的无用功。一些重大的科研项目或成果也会提前在社交平台上宣布，发挥了社交平台的媒体功能。很多学术社交平台还提供了文档以及引文管理功能。例如，Mendeley 可以帮助学者更好地呈现自己最好的工作成就，学者们现在可以按领域将自己的研究分成不同的部分，如发表过的论文、草稿、书评、会议报告等，展示在个人档案中，同时可以跟踪分析这些内容的阅读者与关注自己的用户。这相当于是挑战了传统学术出版商的权威和垄断，所以在 Mendeley 被 Elsevier 收购后，学界很多学者对此举颇多非议。

（3）应用领域广泛，垂直细分

国际学术社交平台几乎覆盖各学科领域，但是也各有侧重。例如，ResearchGate 以从事生命科学及医学研究方面的学者居多；Academia.edu 以美国用户为主，号称学术界的"Facebook"；Mendeley 则会向 Elsevier 刊群的用户有更多倾斜，更多偏向文档分享服务。

2.4.2　国际学术社交平台的运营服务分析

国际学术社交平台的运营有诸多共性，由于篇幅有限，本节仅以 Mendeley 为例探讨其具体的运营模式。

被 Elsevier 收购后，Mendeley 的发展思路是致力于成为一家全球性的研究合作平台。依托 Elsevier 集团的强大资源，Mendeley 的文献管理可以与 Scopus 的引文库、SciVal 的分析工具、PlumX 的信息管理系统等功能互通，帮助科研人员和专业人士提高生产力和效率，同时更好地满足全球学术社区的需要。

Mendeley 的网站设计简洁，界面形象直观（图 2-18）。

图2-18　Mendeley网站

目前，从 Mendeley 网站及其 APP 中得知，平台主要包括参考文献管理（Reference Manager）、PDF 文件阅读与标注（Read and Annotate）、添加与组织（Add and Organize）、与全球同行协作（Collaborate）、备份、同步与移动（Backup, Sync and Mobile）、网络与发现（Network and Discover）、研究网络（Research Network）、数据集（Datasets）、职业生涯（Careers）等多种交互功能。

除了我们能直观看到的功能，它的运营服务也有很多独到之处。

（1）提供强大的文献管理服务

Mendeley 可以一键抓取网页上的文献信息，直接添加到个人的图书馆中。浏览网页看到一些暂时不需要或无法获取全文的文献，想快速保存其相关信息，可以下载安装 Citation plugin 插件，只要打开网页，点击浏览器上的"Save to Mendeley"就可以。Mendeley 自带标注功能，可随意对 PDF 文件进行加亮和标注，这些注释会自动保存在文献数据库中。用户还可以在网页和移动端安装 MS Office 插件，直接在文字编辑器中插入和管理存在个人图书馆中的参考文献。参考文献的格式与国际通行的格式相同。科研用户可以更轻松地查找及阅读资料、合作撰写论文、开展研究项目。Mendeley 还免费提供 2GB 的文献存储空间和 100MB 的共享空间。

（2）利用分类的群组服务方便学术交流

Mendeley 利用群组的方式，让科研人员进行深度共享。Mendeley 将群组（Group）划分为 3 种类型，分别为私密群、邀请群及公开群。私密群（Private）由个人创建，可以允许添加 10 个群成员。一般来说，私密群都是由科研人员的研究生和合作研究者组成。私密群不仅可以共享文献，还可以看到每个小组成员对某个具体文献的阅读情况。例如，导师可以将需要阅读和查找的文献下放到组内所有成员中，分配给成员阅读，这样可以大大节约科研工作者用在文献查阅、资料检索上的时间，提高科研效率。对于研究生导师而言，也可以通过这种方式来检阅学生们的文献阅读情况，通过文献中的 Note 了解每位研究生对科学问题的理解，同时也方便在线进行答疑解惑。除了在文献中以 Note 的方式交流，组内成员还可以在 Overview 首页中通过发帖的方式与其他成员（包括导师）进行讨论。这样的讨论，可以不针对组内的某一篇文章，可以是某个具体的科学问题、学术思想、创新思路等，由于交流仅限于组内成员，因此非常有针对性，所有成员也会在同步的软件窗口中看到以前的讨论，有利于对该领域问题的理解。Mendeley 还提供了专门用于学术机构的导师组（Advisor Group）。该组是由 Mendeley 公司人员建立的，在 Documents 标签中也能够看到关于 Mendeley 应用的共享文献，甚至可以在 Members 标签中找到志同道合的学术导师进行直接交流。导师组提供了更多的个人空间和共享空间，分别是 10 GB 和 20 GB，这对于常规的学术研究来说，已经足够大了。邀请群只能通过管理员邀请才能加入，而公开群则允许任何 Mendeley 用户加入。邀请群和公开群都可以分享文献，有点类似于国内的豆瓣兴趣小组和站点。

（3）提供便捷的文献搜索功能

Mendeley 通过主题页（Topic Page），以主题方式将有价值的参考书籍、背景资讯、段落内容和相关术语容纳在一起，类似于百度百科的词条。但是，与百度百科的人工编辑不同，这个主题页的内容是通过自动抓取形成的。Elsevier 的 Omniscience 团队利用 Fingerprint Engine（FPE）内部系统，通过对书籍和期刊内容的编列索引，将主题内容自动进行注释或标记分类。和相关主题有关的注释以及文献越多，能形成主题页的机会也就越大。通过搜索主题页，你就能迅速搞清一个领域文献的全貌，增加了文献的能见度。

2017 年 7 月，Mendeley 发布了 8 万个主题页，包括 3 个领域，即生命科学（Life Science）、生物医学科学（Biomedical Sciences）和神经科学（Neuroscience）。2018 年 3 月底又发布了 3 万个主题页，学科领域包括：地球与行星科学（Earth and Planetary Sciences）、环境科学（Environmental Science）、食品科学（Food Science）、材料科学与材料工程（Materials Science and Material Engineering）、化学（Chemistry）、化学工程（Chemical Engineering）。每天主题页有 20 万次点击量，重复使用者的比例为 55%，这表明主题页的内容质量很高，需要反复使用。

（4）提供强大的连接功能

研究人员在 Mendeley 不仅可以阅读、上传、下载各种科研资料，还可以将一些还未发表的或已处理的数据文献、软体、代码、模型、算法、协议、方法等上传。研究人员在上传这些科研资料后，不仅可以增加自己研究的曝光率，还可以追踪资料的使用情况，可以和更多的科研人员共同进行研究，加快相关研究的探索进度。而公开这些科研原始资料，其科研实验结论的信赖度也会提高，也有利于科研项目获得更多的引用和受资助机会。Mendeley 提供了 2000 多家捐赠项目基金的机构，从全球各地收集资助者信息，帮助研究者申请科研项目，找到研究伙伴。Mendeley 还提供了全球 2000 多个科技组织，覆盖 14 个学科，20 多万份工作信息，为研究人员提供高质量的信息服务。

2.4.3　对我国学术社交平台发展的启示

虽然国际学术社交平台已经先发制人，获得了较高的用户数和市场份额，但是社交网络的变化也是迅速的。Mendeley 网站共同发起人 Jan Reichelt 表示，用户流量并不能说明什么。在 *Nature* 杂志的一项调查中，Mendeley 的知晓率为 48%，经常访问的人只有 8%。很多研究者将学术社交平台当作一种提升职业存在感的网络渠道。中国作为科研大国、论文大国，在社交网络发展方面也有着先天的优势。很多中国本土的创新也为国外所惊叹。所以，通过对国际学术社交平台的分析，针对中国目前的情况，我们可以得出以下几点启示。

第一，将学术社交与文档阅读服务结合起来。调查显示，科研人员使用一般社交媒体和面向大众的知识型社交媒体，有助于改善他们的学术社会网络，却无助于提高学术产出；使用专业学术社交媒体，则是有助于提高学术产出，却无助于改善学术社会网络。[①]

Mendeley 的成功正是因为它将学术社交与文档阅读服务有机结合起来。目前国内最大的文档阅读服务网络应该是中国知网，但是中国知网的垄断造成学术文

---

① 许志敏. 提高我国学术社交网络的国际传播能力——基于 ResearchGate 与"科研之友"等的比较研究［J］. 科技与出版，2018（7）：26-32.

献的流通是有限的，学者通过学术社交平台沟通的信息都是较为低端的需求。"小木虫"上的各种灌水帖，大部分都是在吐苦水，或者是寻求某个刊物的投稿方式和投稿信息。

然而，我国现在还缺少开放科学的意识和资源，让期刊作者把自己的论文免费上传到社交网站上，还是不现实的。我们应从学术、社交和媒体功能的融合出发，探索并创立适合中国国情的学术社交平台的开放共享理念和模式，突破对知识分享的限制，利用独有的知识付费的优势，通过知识付费打造学术社交，使国内学术社交平台可以迅速转型为同时拥有巨量内容和巨量用户的学术内容贩售平台。

第二，要将学术评价体系的建设纳入社交平台发展中来。例如，ResearchGate致力于建立一个综合的学术评价机制（相当于学术界的 Klout[①]）。ResearchGate 会通过社交平台上其他科学家的引用和评分，重新建立一套自己的学术评价机制。而有些评价机制在一些学校和学科中已经产生了影响。Academia.edu 也启动了一项已发表文章的同行评审专栏，通过学术社交平台构建的学术评价体系，可以极大提升平台的知名度和影响力。

第三，要增加合作，利用各种机会走出去。ResearchGate 与德国马普学会（MPG）从 2009 年起开始合作，德国马普学会让所属的 80 多个研究所约 12000名研究人员都能在其平台上交流。马普希望通过 ResearchGate 让这些学者与马普继续保持紧密联系，实现机构的网络"校友会"。2018 年，施普林格·自然集团等将根据协议与 ResearchGate 合作引导学术期刊论文分享，作为协议的一部分，ResearchGate 将与出版机构合作，就用户如何及何时可以在该网络上分享期刊论文提供更多和更完善的信息，以使其知晓涉及版权保护内容的相关权利。ResearchGate 还与中国科学院化学所、有机金属化学国家重点实验室、生态环境科学研究中心、中国科学院大学合作，扩大平台的影响力。我们的学术社交平台也应该充分利用各种机遇，在各种项目的支持下，和国外的大学、研究机构合作。促使他们融入中国的学术社交网络，也让中国的学者更好地融入世界。

第四，要不断提升技术能力，丰富完善功能。Academia.edu 在初期收购了一家论文检索和审阅平台——Plasmyd，这个平台可以为同行评审（peer review）模块提供更好的服务功能。Mendeley 在学术社交网络领域的技术已经处于国际前列，是一个国际化团队，相关成员学术层次和技术能力高，国内学术社交平台与之相比差距巨大。国内较知名的学术社交平台多是委托国内的技术人员开发，对国际

---

① Klout 是一家衡量用户在 Twitter，Facebook，LinkedIn，Foursquare，Wikipedia 等社交网络上影响力指数的创业公司。

学术社交平台流程不太擅长，现有的平台不能很好地为科学技术服务，扩展性偏差，不能适应科学技术发展的新趋势。如果我国的学术社交平台无法通过自身能力迅速完善功能，也可以收购合并等方式，借船出海，找到目标合作方，加快技术转型升级，融入国际市场竞争。政策应该鼓励国内学术社交平台建立海外基地，收购兼并海外学术社交平台和研发机构，以此来弥补自身的不足。

第五，要完善政策扶持，资源共享，互利共赢。政府管理部门应支持国内学术社交平台参与国家科技计划和重大工程项目，健全由国内学术社交平台牵头实施应用性重大科技项目的机制，使国内学术社交平台真正成为学术主体。政府管理部门需要进一步研究落实财政、投资等政策，引导国内学术社交平台增加研发投入，面向科研人员开放和共享设备等科技资源。鼓励国内学术社交平台以联合出资、共同委托等方式进行合作研发。国内学术社交平台在经营的过程中，应该针对本企业的薄弱环节，有的放矢，不断加强与相关用户或其他企业的联系，采取技术分享、策略整合、人员往来和共同研讨等多种方式，从中获取更多知识和信息。同时也应积极将科研院所、高校等机构纳为合作对象，使之成为学术社交软件平台开展技术创新有力的支持源。为提升社会资本关系维度的水平，国内学术社交软件平台应大力促进各部门之间的有效沟通，秉承"多赢"的理念，加强与国外学术社交平台的信息交流，在有条件的情况下可以成立平台协会，以提供更健全的交流平台，形成共同发展的战略联盟。

综上，国内学术社交平台一方面从内部加大革新力度，优化组织结构，从外部引进技术人才，积极研发新功能，以适应新的学术社交环境；另一方面纷纷接受来自新媒体、特别是社会化媒体的"橄榄枝"，与之开展越来越密切的合作，借助传播范围更广的新兴媒体平台扩大影响力。

2.5 学术伦理服务 [①]

《现代汉语词典》（第6版）对"伦理"的解释是：人与人相处的各种道德准则[②]。那么，什么是学术伦理？梅劲、王志斌等对此给出的解释是，学术伦理即学术社群内从事学术研究人员之行为规范，属于学术自治范围内应坚守的基本工作伦理及必须遵守的规范，其基本原则为诚实、负责、公正。只有在此基础上，学

---

① 本节主要执笔人为清华大学出版社期刊中心郭田珍。

② 中国社会科学院语言研究所词典编辑室. 现代汉语词典（第6版）[M]. 北京：商务印书馆，2015.

术研究才能有效进行，并获得社会的信赖与支持①。

从上述学术伦理的概念出发，结合工作实践，我们试图给出本节所讨论的科技期刊学术伦理的范畴。首先，投稿人的学术行为必须遵守一定的道德准则，尤其是要符合学术诚信问题的一系列行为规范。其次，一些特殊领域的科技期刊，尤其是生物医学领域的期刊，因其科研论文内容涉及"人"的特殊性，也会有一些伦理上的特殊要求。

在这里，我们称前者为出版伦理，后者为医学伦理。从科技期刊提供的服务类型来看，出版伦理服务是所有科技期刊都具有的服务种类，而医学伦理服务则是特殊领域的科技期刊所具备的。

2.5.1 科技期刊的基础出版伦理服务

出版伦理服务主要是防范学术不端行为。百度百科对学术不端行为的解释是：学术不端行为是指违反学术规范、学术道德的行为，国际上一般用来指捏造数据、篡改数据和剽窃 3 种行为，但是一稿多投、侵占学术成果、伪造学术履历等行为也可包括进去。② 科技期刊作为科研成果的载体，在应对学术不端行为、维护科研诚信的过程中理应坚守"最后一公里"，保障科学研究健康发展。

普通科技期刊应对学术不端行为的具体措施主要有：①检测学术不端行为；②处理学术不端行为。

第一，国际一般做法。

1997 年，英国几家医学期刊牵头成立了国际出版伦理委员会（COPE），旨在针对出版过程中出现的学术伦理问题，探寻解决的方法和策略。近几年，一些国际大型科学出版集团，如 Elsevier、Springer 等旗下期刊皆申请成为 COPE 会员。

2008 年，国际出版链接协会研发的反剽窃文献检测系统 CrossCheck 上线。CrossCheck 的工作原理是，将检测论文上传至网络，与其储备数据资源库或者互联网开放共享资源进行查比检测，最后会生成一个"相似度报告"，显示该文件与其他内容匹配的相似百分比，并以不同的颜色标出各相似的文本内容。编辑人员可根据这些信息，结合审稿意见和相似文本的具体内容，对文章是否涉及抄袭，做出相对公正客观的判断。

CrossCheck 目前已成为国际通用的论文相似性检查服务系统。

---

① 梅劲，王志斌，杨溱. 新时期大学本科生科技创新活动存在的问题［J］. 理论观察，2016（5）：144-145.

② 百度百科. 学术不端［EB/OL］.［2019-04-26］. https://baike.baidu.com/item/ 学术不端 /2805301?fr=aladdin.

第二，运用 CrossCheck 方法检测学术不端行为——以《浙江大学学报》（英文版）（以下简称"浙大学报英文版"）为例 [1]（图 2-19）。

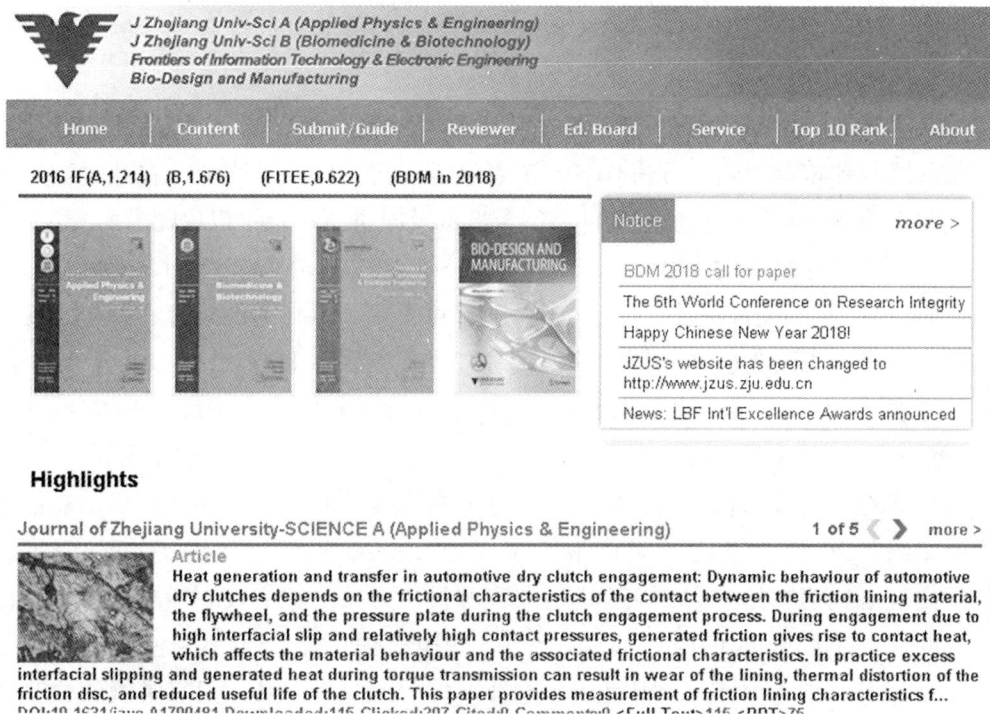

图2-19 《浙江大学学报》（英文版）官方网站

2008 年 10 月，浙大学报英文版正式成为 CrossCheck 的第一家中国会员，在我国科技期刊走向重视学术伦理、严把期刊学术质量关方面迈进了扎实的一步。

笔者在中国知网上检索到了浙大学报英文版编辑在使用 CrossCheck 过程中的步骤和方法：

①初查。在浙大学报英文版的初查工作流程中，CrossCheck 是作为一种辅助性的检测手段而被使用。他们将国际同行评审和 CrossCheck 结合起来，只有当两者都符合要求，稿件才能进入录用发表的环节。在实际检测工作中，有两个重要的参考数值：论文总相似度 50% 和 30%。总相似度超过 50% 的来稿，多数予以退稿；总相似度在 30% 以内的来稿，一般要求作者修改后发表；介于两者之间的稿件，会根据具体情况与作者进行沟通，有的修改后录取，有的予以退稿。

②复查。稿件发表前，他们需要运用 CrossCheck 复查，以避免因数据库更新

---

① 林汉枫，贾晓燕，张月红，等. 重视学术伦理是期刊编辑义不容辞的责任——《浙江大学学报》（英文版）初探 CrossCheck 的工作模式和规范标准［J］. 中国科技期刊研究，2011（3）：16-21.

等原因导致的检测结果有误。通常的做法是，将复查报告与初查报告相对比，如果变化不大，准予发表；如果复查与初查结果相差很大，及时联系作者确认。在实际工作中，浙大学报英文版编辑发现，CrossCheck 也有缺陷，它只能对文字进行比对，而公式、图像以及表格等内容还不能进行直观比对，因此他们常常需要借助其他辅助手段，以求刊发论文的真实性。

③追踪反馈。浙大学报英文版在其官方网站上开辟了论文发表后最新引用、下载和同行评审等栏目，促进作者、读者和编辑之间的互动交流，在此过程中一旦发现有涉及学术伦理问题的稿件，编辑部会及时进行审核，以保障学术公正。

第三，针对隐性的深度不端行为的对策——以《蚌埠医学院学报》为例[①]。

"道高一尺，魔高一丈。"近年来，随着对学术不端行为的检查和打击力度的增强，学术不端行为也在和期刊编辑玩着"猫捉老鼠"的游戏，由此，出现了隐性的深度不端行为。由于检测软件自身的性能不足，深度学术不端呈现增多趋势。

这种隐性的深度不端行为最为显著的表现之一即为"文字复制比为0"。

笔者在进行文献检索时候发现，在这方面，《蚌埠医学院学报》的做法有借鉴之处（图 2-20）。《蚌埠医学院学报》选出 2012—2016 年发表的 3209 篇文章，最终导出复制比为 0 的文章 249 篇进行研究并做出对策。他们发现形成文字复制比为 0 的原因主要有如下形式：增减字数、变换语法句式、原意复述、图片造假、外文翻译等。因为文字复制比为 0，这种不端行为非常隐蔽，只靠常规的检测软件是查不出来的，实践经验中，《蚌埠医学院学报》总结了自己的做法：比如从参考文献回查，从作者已发表的其他文章查找，甚至从文章的主要关键词查找。他们的对策是：①给作者提供本刊参考文献的著录规范，正确区分引文的合理引用和抄袭。②利用多平台、多系统检测，发现有文字复制比为 0 的文章，可以借助 2～3 个其他检测系统进行复核；特别关注参考文献为全英文的或有英文摘要的中文稿件，需要采用国外文献数据库相关检测系统进行查验。③提高编辑的辨伪能力，充分发挥审稿专家的作用，依靠编辑人员和学术专家共同把关。

2.5.2　特殊领域科技期刊的医学伦理服务

特殊领域科技期刊主要是指对社会生产生活有潜在侵权影响的领域，主要是涉及生物医学研究、食品安全、农业科技、危险性化学品研发等内容的科技期刊。

生物医学的发展需要进行临床人体研究，随之出现了关于生物医学研究的伦理学规范问题。1964 年，世界医学大会发布了著名的《赫尔辛基宣言》，该宣

① 刘畅，姚仁斌. 文字复制比为 0 的医学论文特征、成因及对策分析［J］. 科技与出版，2018（3）：113-117.

图2-20 《蚌埠医学院学报》官方网站

言制定了涉及人体对象医学研究的道德原则，包括以人作为受试对象的生物医学研究的伦理原则和限制条件。虽然宣言主要以医生为对象，但同时鼓励参与涉及人类受试者的医学研究的"其他人"遵守这些原则。该宣言第36条中说："研究人员、作者、资助者、编辑和出版者在研究结果的发表和宣传方面都有伦理义务。……不符合本宣言原则的研究报告不应被接收发表。"在这里，宣言明确指出"作者、编辑、出版者"有遵守《赫尔辛基宣言》的义务。

国际医学期刊编辑委员会（ICMJE）在《学术研究实施与报告和医学期刊编辑与发表的推荐规范》中明确指出："报道涉及人体数据的研究时，作者应该说明所采用的试验程序是否经（单位或国家级）负责伦理审查的委员会评估。期刊的作者须知中应该包括对知情同意的要求。"

笔者选取了中南大学出版社《中南大学学报》（医学版）编辑郭征、平静波两位老师的研究成果，他们归纳了4条科技期刊医学伦理服务条目。[1]

---

① 郭征，平静波. 我国医学期刊稿约中的医学伦理和出版伦理规范剖析 [J]. 中国科技期刊研究，2017（7）：28—32.

第一，以人为研究对象的研究符合伦理学标准并得到伦理委员会的批准。

国际权威医学期刊稿约中对此有严格且具体的要求，在稿约中规范伦理学内容将促使科研人员在试验设计阶段就充分考虑到伦理学要求，确保科学研究工作的科学性、严谨性，从而使论文的整体水平得以提高，得到国际医学界的认可。

《中国全科医学》在投稿指南中规定："研究须遵循医学伦理基本原则。当论文研究的主体是人时，作者应说明其遵循的程序是否符合（单位性的、地区性的或国家性的）负责人体试验委员会所制订的伦理学标准，并提供该委员会的批准文件及受试对象或其亲属的知情同意书的复印件。"

第二，以人为研究对象的研究征得受试对象或其亲属的知情同意。

"在稿约中规定投稿时提供……知情同意书的复印件，将有助于规范并落实此项伦理学要求。"

第三，隐私保护。

伦理学的核心问题是对人的尊重，而对研究资料保密和对受试者个人隐私的保护是医学科研工作者的伦理学义务。《ICMJE 推荐规范》指出："可辨认身份的信息，包括姓名及首字母缩写、住院号，都不应在书面描述、照片或遗传谱系中公开，除非出于科学的目的该信息是必须公开的，并且患者（或其父母、监护人）签有知情同意书，同意发表。"该规范同时指出，遮蔽患者照片中的眼区是不足以保护患者不被认出的。

就我国医学期刊而言，《第三军医大学学报》（图 2-21）对保护受试者隐私的规范比较全面："作者须采取各种预防措施以保护研究受试者的隐私，论文中不得涉及患者姓名、住院 ID 号等个人身份信息。对于使用可识别身份的人体材料或数据进行的医学研究，必须按正规程序征得受试者的同意，并且在论文中尽量对能别患者身份的部位（特别是脸部）进行遮挡。"

第四，临床试验注册。

《ICMJE 推荐规范》要求并建议所有医学期刊的编辑：把第 1 例患者纳入之时或之前在公共临床试验注册机构完成临床试验注册作为考虑发表的条件。《中国全科医学》投稿指南中指出："临床试验注册号应为从 WHO 认证的一级临床试验注册中心获得的全球唯一的注册号。临床试验注册号排印在摘要结束处。以临床试验注册为标题（字体、字号与摘要的其他小标题相同），写出注册机构名称和注册号。"

2.5.3 *Nature* 期刊的伦理服务

Nature 官方网站上鲜明地给出了作者和审稿人的政策——出版伦理（Publication ethics）与生命伦理学与生物安全（Bioethics & Biosecurity）（图 2-22）。

图2-21 《第三军医大学学报》官方网站

（1）出版伦理

出版伦理包括：作者身份、重复发表、剽窃与伪造、图像完整性、竞争利益声明、保密和预出版（图2-23）。

第一，作者身份。

Nature 并不要求论文的所有作者签署提交函，也不要求提交作者名单。但提交论文就意味着所有列出的作者都必须同意论文的内容，包括作者名单和作者贡献声明。通信作者负责确保已达成该协议，所有作者都同意并批准将该稿件提交给期刊发表，并且负责管理期刊与所有共同作者之间的所有通信。提交后对作者列表的任何更改（如作者的顺序变更，或作者的删除或添加）都需要得到每位作者的批准。

作者名单应该包括所有适当的研究人员，而不是其他人。作者身份为研究人员，对研究的贡献提供了信誉，并提供了问责制。

Nature 没有规定作者的贡献种类，而是通过发表作者贡献声明来鼓励透明度。*Nature* 编辑无法在出版之前或之后调查或裁定著作权纠纷，如果作者无法解决这些分歧，则应提交有关机构授权。

图2-22 *Nature*官方网站伦理服务介绍

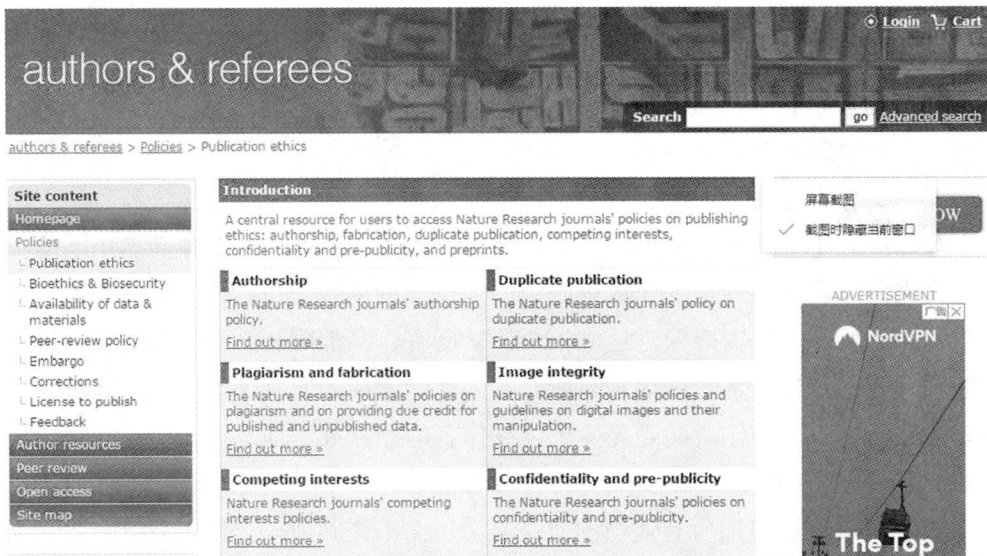

图2-23 *Nature*出版伦理服务

Nature 编辑认为，文章相应的作者，合作团队至少一名成员，通常是提交论文的团队的最高级成员，有责任确保：①提交文件所依据的原始数据能够保存并

可供重新分析检索；②同意提交的数据是作为原始数据的代表；③预见并尽量减少工作中描述的数据、材料、算法或试剂的共享障碍。

每位作者的主要隶属关系应该是提交论文大部分工作完成的机构。如果作者所在机构随后有变动，那么现在的地址也可以被列出。*Nature* 对此保持中立。

关于作者贡献声明：作者需要在提交的论文中做出责任声明，明确每位作者的贡献，包括评论类文章。在手稿的完成过程中，分工不同，贡献程度不同，都应被详细地记载。

Nature 还允许指定一组最多6位合作者作为对作品的平等贡献或共同监督作品，其他人的贡献最好在作者贡献声明中描述。通信作者有特定的职责，通常限于3位。

第二，重复发表。

提交给 *Nature* 的材料必须是原创的，不得在其他地方发布或提交。作者向 *Nature* 提交稿件，其中有相关材料正在考虑或在已其他地方出版，应在提交时上传清晰标记的副本，并在编辑信中提请编辑注意，作者必须披露任何此类信息。

如果作者希望提交给 *Nature* 的部分文稿已出现或将出现在其他地方，作者必须在自然研究文稿附带的附带信函中详细说明细节。如果主要结果、结论在其他工作中不明显，或者如果还有其他因素，例如以英文以外的语言出版，*Nature* 是允许的。

Nature 乐于接受这样的材料，比如是根据有授予资格的机构发布的博士学位论文或其他学术论文的一部分。

Nature 允许在提交完整文稿前发布会议摘要。这些摘要应包括在给 *Nature* 提交的文件中，并在手稿附带的封面信中提及。这项政策不包括提交给媒体或在提交和审议过程中以其他方式在科学界以外公开的摘要和报告。*Nature* 也愿意考虑这样的材料，比如维基或博客等在线科学合作的一部分，前提是这些信息尚未在科学界以外的地方公布，而且不是到 *Nature* 出版日期才公布。

如果作者重新使用其他地方已发表的数字或图像或受版权保护的作品，则作者必须提供文档，证明此前的出版商或版权所有者允许重新发布该材料。

第三，剽窃与伪造。

剽窃是指未被允许的复制或是窃取原创作者的思想、文本或者结果。如果没有适当和明确的归属，大量的文本被剪切粘贴，这就是抄袭。这是不可能在 *Nature* 上发表的。重复使用文本或在对其他人的工作进行解释和总结时，必须注意确保适当的归属和引用。自我剽窃也应该被禁止，比如重新使用作者以前的研究出版物中的部分文本。当不可避免地使用文本时，无论是来自作者自己的文章还是其他人的文章，都应该使用适当的归属和引用。

当作者重复使用自己发布的作品的实质性部分而未提供适当的参考时，这就是重复发布，包括已经发表过的论文，甚至是在已发表的论文中添加少量新数据。

Nature 编辑会根据剽窃程度，将已发表文章的内容及其对已发表研究的整体完整性的影响来纠正或收回原始出版物，其手段是"相似性检查"。

第四，图像的完整性和标准。

作者对提交的论文上的图像应该进行最低程度的处理（例如，将箭头添加到显微照片上）。作者应保留未处理的数据和元数据文件，因为编辑可能会进行稿件评估。随稿件的最终修订而提交的所有数字化图像必须具有高质量并且分辨率至少为 300 DPI 颜色，600 DPI 灰度和 1200 DPI 线条艺术。

一定程度的图像处理是可以接受的，但最终图像必须正确表示原始数据并符合标准。作者应列出所有使用的图像采集工具和图像处理软件包。作者应该记录方法中的关键图像采集设置和处理操作。应避免使用修饰工具，如 Photoshop 中的克隆和修复工具，或任何有意模糊操作的特征。

第五，竞争性利益声明。

为了提高透明度，*Nature* 要求作者提交竞争性利益声明。

对于同行评审的文稿，作者的声明全部公开给同行评审。但是，如果作者选择双盲同行评审，则在同行评审过程中，评审员将获得一份最低限度的声明，披露是否存在任何财务或非财务利益，以防止披露作者身份。在接受评审时，评审人员将获得完整的竞争性利益声明。选择双盲同行评审的作者应该在提交系统中提供他们最简单的陈述（或者"作者声明存在金融/非金融竞争利益"或者"作者宣称没有竞争利益"）。

除提交系统或表格中的任何声明外，所有作者（不论同行评审模式）都必须在其发表的文章末尾加入声明，以声明其是否存在任何竞争利益。已发表的文章通过使用以下标准句之一来表明作者的回答："作者声明以下相互竞争的利益/作者声明没有竞争利益。"

Nature 认识到有些作者可能受到保密协议的约束。在这种情况下，我们要求作者声明："作者声明他们受保密协议的约束，以防止他们泄露他们在本作品中的竞争利益。" *Nature* 不要求作者陈述他们的经济利益的货币价值。

（2）生命伦理学与生物安全

Nature 关于生命伦理学的政策，包括如活体生物实验和生物安全性（图 2-24）。

第一，生命伦理学。

Nature 有关动物和人类主题的研究要求稿件必须包括一个机构和/或许可委员会批准实验的声明，包括任何相关细节；必须描述可能影响结果的动物的性别

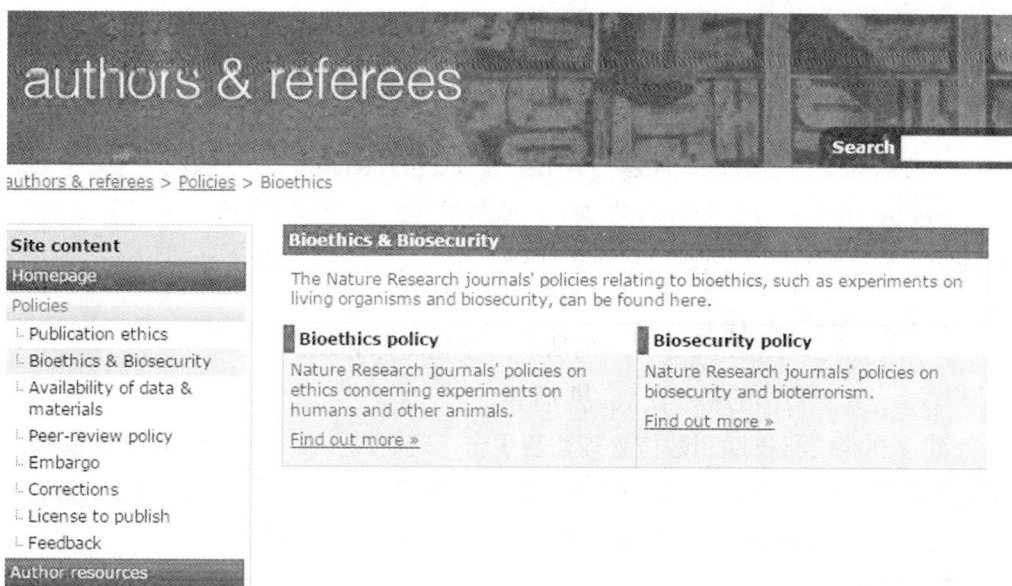

图2-24 *Nature*关于生命伦理学的政策

和其他特征。在 *Nature*（文章、书信、简报、技术报告）中，对活脊椎动物和 /
或高等无脊椎动物进行实验报告的初级研究手稿中，相应的作者必须确认所有实
验都是按照相关的指导方针和规章制度进行的。

报告Ⅱ期和Ⅲ期随机对照试验的作者应参考 "CONSORT 声明"，以促进对试
验结果的完整和透明的报告。不符合 CONSORT 指南的报告可能需要在正式审查
之前进行修订。报告肿瘤标志物的预后研究，鼓励遵循 "评论指南" 做完整和透
明的报告。前瞻性临床试验必须在患者注册开始之前在 www.clinicaltrials.gov 或类
似的符合 ICMJE 建立的标准的网站登记。试行注册号必须在论文中报告。

为了描述人类生物标记物，建议参考 BRISQ 报告指南。对于人体器官移植的
研究，作者还必须在他们的手稿中声明，没有从囚犯身上获取器官 / 组织，并提
供机构 / 诊所 / 部门获得这些器官 / 组织的细节，同时注意不侵犯捐赠者的隐私。

涉及 *Nature* 中的人类研究参与者的可识别图像时，需要声明他们已经获得了
公布图像的知情同意。必须采取一切合理的措施来保护病人的匿名性。报告涉及
人类胚胎和配子的使用、人类胚胎干细胞和相关材料的实验以及干细胞的临床应
用必须包括确认所有实验都是按照相关的指导方针和条例进行的。

第二，生物安全。

Nature 编辑可以从技术评论家提交的论文中寻求意见，而且也从在任何方面
引起关注的论文中寻求意见。这些可以包括数据或材料访问的伦理问题，也可能
涉及社会对发表论文的影响，包括对安全的威胁。在所有出版决策中，最终决定
是否出版是 *Nature* 编辑的责任。

生物武器所带来的威胁引发了人们对出版风险与收益平衡的特殊需求。编辑不一定有资格做出这样的判断，因此，如果需要的话，可以请教专家们的意见。编辑认识到，普遍的观点认为科学的开放性有助于提醒社会潜在的威胁并加以防范，社会需要适当考虑这些风险，并有一个正式的政策来处理它们。

Nature 成立了一个编辑监测小组，监督对生物安全问题的论文的审议，成员包括主编、编辑部主任以及负责维护生物安全问题的顾问网络。

2.5.4　对策和建议

第一，建立我国的科技出版诚信体系。

建立在线的科技期刊诚信管理监管平台，既有助于统一管理，也能方便相关信息的共享。在此基础上，建立我国科技出版诚信 / 非诚信名单库，定期更新。

第二，参考 COPE 指南及流程图，出台我国的出版伦理指南。

COPE 成员超过 1 万家，工作中有不少经典案例，COPE 有《行为准则》和《期刊编辑最佳实践指南》，专门针对科技期刊编辑操作中遇到的出版伦理问题，以此为参照，出台我国的出版伦理指南。

第三，参考 *Nature* 杂志医学伦理规范，制定我国特殊领域科技期刊的医学伦理规范。

我国生物医学期刊投稿指南中有关医学伦理服务规范不是很细致，上述 *Nature* 杂志有关医学伦理服务规范，值得我国医学期刊借鉴和细化。此外，国际医学期刊编辑委员会（ICMJE）也有相关的推荐规范供我们参考。加快我国特殊领域科技期刊医学伦理服务规范体系建设，有效防止类似"基因编辑婴儿"丑闻的发生，坚决反对这种有违科学精神和伦理道德的科研工作的进行。

2.6　国际学术期刊存储新工具——CrossMark[①]

2.6.1　技术驱动下的学术期刊文档存储转型

人类科学研究的文档保存最早可以追溯到科学研究者之间的信件往来及各自的笔记。由于科研诚信因人而异，版权问题不能得到有效保障。17 世纪正式科学期刊的创办和研究论文的发表，不仅打破了学术交流的时间与空间边界，而且一定程度上解决了学术版权问题，建立了基础的科研诚信机制。学术期刊的保存和

---

① 本节主要执笔人为辽宁大学王巧、北京印刷学院张聪。

传播，不仅使得之前的学术成果为后人所获取，而且使得学术界的最新成果得以广泛传播，提升了学术信息的更新速度，减少了学者的重复研究，保证了在大量新知识积累基础之上实现知识创新，对学术的创新环境、积累速度与传播效果产生了革命性的影响。

互联网出现以前，印刷版期刊是最普遍的信息传播媒介与存储形式，在知识的保存、传播和创新中发挥了重要作用。随着互联网 1.0 时代的到来，传统的期刊存储方式逐渐暴露出其局限性：有限的印刷出版能力、纸刊保存的成本与空间浪费等。互联网作为一种开放的信息交流平台，由于其信息传播速度快、时效性强、出版周期短、交互性强、远程登录和信息共享淡化了检索范围的国界等特点，逐渐显示出其无法比拟的优越性，备受出版者和读者的青睐，给传统的学术交流体系带来深刻的变革，学术知识的传播呈现出新的格局，开放获取期刊与机构数据库应运而生。

2.6.2 新时代学术期刊文档存储转型的范式与逻辑

开放获取期刊与机构数据库迎合了网络时代学术信息交流的特点，在线模式使得文献能够即时被获取，免去了传统出版模式因发行等环节带来的延迟。然而，研究并不是一成不变的，它会随着时间的推移而不断发展变化。即使在发表之后，研究论著还是会由于各种因素而不断补充数据，更正，甚至被出版机构撤稿。还有一些信息可以提供论文的著述背景，如基金资助数据、授权详情、临床试验信息、论文作者的 ORCID[①] ID、同行评审以及其他书目信息。如果读者想要信任此项研究，并在背景信息充分的前提下阅读研究论文，那么，这些信息至关重要。CrossMark 是 CrossRef[②] 发起的联合出版倡议，它为读者提供了定位文档权威版本的标准方法，使读者能够快速方便地访问正在阅读的内容项目的当前状态。通过单击 CrossMark 的图标，读者可以查看当前内容项目是否已更新、更正或撤回，并访问由内容项目发布者提供的有价值的附加元数据。它是一个标准化的按钮，跨平台一致，不仅可以显示内容项的状态，而且可以显示任何其他元数据，比如基金资助数据、同行评审或许可信息。至关重要的是，CrossMark 按钮也可以嵌入 PDF 文件，这意味着出版商可以在文件被下载几个月甚至几年后提醒读者该文件的变化。

---

① ORCID，是 Open Research and Contributor ID 的简称，即开放学术出版物及学术产出的作者（科研工作者）标识符。ORCID 为科研工作者提供一个永久的数字标识符（orcid id），使得所有参与研究、学术和创新的人都可以拥有独特的身份，并与他们的研究贡献紧密联系在一起。网址：https://orcid.org。

② CrossRef 成立于 2000 年，是一个由出版商创建和管理的独立会员制、非营利性协会，致力于推进在线学术资源相互链接的方便性和有效性，其主要目的是为学术界访问网络学术资源提供方便，从而提升在线研究体验。网址：https://www.crossref.org。

（1）信任的证据

"撤销的论文仍被其他论文引用，有时撤销之后的引用频次高于论文撤销之前。"为解决这种在国内外普遍存在的现象，CrossRef 充分认识到学术记录的完整性对于研究人员和图书管理员的重要性，并且高度重视保持其学术文章电子档案的权威性与准确性。出版商将 CrossMark 按钮放在其在线文章和 PDF 文件的标题旁边，并承诺在出现重要更新（如更正或撤销通知）时通知读者。他们还可以定制弹出框，以包含其他内容，例如使用的同行评审类型、是否使用相似性检查筛选文档的原创性等。CrossMark 按钮图标易于识别，为出版商发布的内容提供了专业背书的渠道，因此读者可以信任并引用该文献。任何人都可以通过 CrossRef 的公共 REST API 访问 CrossMark 元数据，提供了与其他系统集成的无数机会，并提供了分析学术记录变化的途径。

（2）最新与更多变化分享

出版商可以保证他们向读者展示的内容是最新的，并尽可能展示更多的元数据。出版商将被称之为元数据的信息发送给 CrossRef，元数据包含的基本信息：日期、出版物名称、文章标题、作者、授权、研究资助机构、网络位置，以及即便内容保存的网络位置发生变化，也始终与著作绑定的永久标识符。CrossMark 通过保存并使用这些元数据，帮助论文著作等得到认可与引用，报告基金资助的影响力，跟踪产出成果与活动。出版商对元数据进行长期的维护与更新，并在内容迁移到新网站时告知。随着时间推移，信息也将越来越多，这就意味着，研究内容被其他研究人员发现、引用、链接和使用的概率更大。

为了使出版物能够被更广泛地发掘研究，CrossMark 要求注册的会员存储尽可能丰富的元数据，如期刊标题、文章作者、出版日期、页码、ISSN、参考文献、摘要、ORCID ID、研究资助相关信息、临床试验编号、许可等信息。

CrossMark 上存储的内容可以被传播，也可以存放在多个不同的地方，使用多分辨率，可以将多个 URL 分配给同一个元数据记录。CrossMark 可以使用多分辨率共同托管不同平台上的同一内容，多分辨率的链接位于临时页面上，临时页面向最终用户提供链接选择列表。任何人都可以通过 REST API 访问 CrossMark 元数据，从而促进与其他系统分享这些论著的变化。

（3）附加信息与价值

有些文章的 CrossMark 标志会提供本文的重要出版记录（important publication record），包括同行评审、出版历史、本研究的基金信息、反剽窃检测信息、版权声明等。一篇文章是否提供出版记录以及提供哪些记录信息，取决于该文章的出版机构。研究人员可以很容易地看到他们所阅读的论著的相关变化，找到相关的基金资助者，该论著适用于哪些许可，等等。

通过单击 CrossMark 按钮图标，可以看到资助基金的名称，这些信息可以与成千上万的基金匹配，这些基金在 Crossref 基金注册表有唯一 ID，出版商在为他们出版的论著内容注册 DOI[①] 时，将相关基金资助信息也包含在其元数据中。Crossref 会公布这些资助数据，这样其他人就可以将其纳入自己构建的工具中加以利用，每个人都可以透彻了解基金及其资助的成果，研究人员可以在了解背景后再阅读学术论著，出版商可以追踪谁在为作者提供资助，资助者可以在一个地方集中看到他们的资助成果、链接基金与学术论著。

2.6.3 基于 CrossMark 的现代期刊存储实现

出版商在他们的网页和 PDF 文件中，将 CrossMark 图标按钮放在内容项目的标题旁边，并承诺如果有更新，比如更正或撤回，会通知 CrossRef。出版商还会发送额外的元数据，比如作者的 ORCIDs 和研究背后的资助者。

（1）CrossMark 的受益群体

出版商可以向读者保证发布的内容是最新的，并尽量展示更多额外的元数据。

研究人员和图书管理员可以很容易地看到他们正在阅读的内容的变化，找出是谁资助了这项研究，什么许可证适用于这些内容，等等。

任何人都可以通过 CrossRef 的 REST API 访问 CrossMark 元数据，为与其他系统集成和分析学术记录的变化提供了无数机会。

（2）收费模式与标准

CrossMark 允许 CrossRef 会员出版商对已经发布的内容进行状态更新，如更正、撤稿和勘误等。通过单击在 HTML 和 PDF 的文章标题旁边放置的 CrossMark 按钮，读者就可以随时知道该内容项目的状态是当前的、更新的还是撤回的。对于使用者而言，CrossRef 免费提供这些信息，以便其他系统也可以使用，并让读者随时获取最新信息。对于会员出版商而言，CrossMark 服务不收取年费，但更新或更正的每条记录都会收取费用（表 2-2）。

表 2-2　CrossMark 收费标准

CrossMark 收费标准	当前内容更新	旧刊内容更新
状态更新收费标准	0.2 美元 / 条	0.02 美元 / 条

注："当前内容"包括当前日历年 + 前两个日历年（以 2019 年为例，2017—2019 年的内容都属于"当前内容"）。"旧刊内容"是指在此之前出版的内容（以 2019 年为例，即 2016 年及之前出版的内容）。

---

① 全称为"数字对象标识符（digital object identifier）"，意为"一个对象的数字标识符"，而非"一个数字对象的标识符"。DOI 系统由国际数字对象标识符基金会创建于 1998 年。网址：http://www.doi.org。

（3）读者如何使用

CrossMark 按钮的图标被打在文章的 PDF 或 HTML 页面上。只需单击 CrossMark 按钮的图标，读者就可以了解正在阅读的版本是否为最新版、是否有过更正或修改、是否已经被撤回。

第一，单击 CrossMark 按钮的图标（图 2-25）。

第二，出现黄色的弹出框，类似警告。"Updates are available"表示本文已经更新版本，不仅提供了更新时间的信息，而且提供了新版本的链接（图 2-26）。

第三，点击新版本的链接即可打开更新版本。这里说明了更新的内容。更新版本同样附有 CrossMark 按钮的图标（图 2-27）。

第四，点击更新版本的 CrossMark 按钮的图标后，出现的弹出框是绿色的，并打勾。"Document is current"表示文章是最新版本，可以放心阅读和引用（图 2-28）。

第五，有些文章的 CrossMark 标志会提供本文的重要出版记录，包括同行评审、出版历史、本研究的基金信息、反剽窃检测信息、版权声明等，点击 More Information 按钮即可看到。一篇文章是否提供出版记录以及提供哪些记录信息，取决于该文章的出版机构（图 2-29）。

（4）出版商如何添加 CrossMark 图标服务

出版商通过为其内容存放额外的元数据，并将一小段代码添加到 CrossRef 为其分配的 DOI 登录页面，以生成 CrossMark 按钮图标和链接，从而参与提供 CrossMark 服务。

第一，注册。已经注册成为 CrossRef 的会员出版商向 CrossMarkinfo@CrossRef. org 发送邮件，并提出其想要开始使用 CrossMark 服务的申请。

第二，创建页面，分配 DOI。申请通过后，会员出版商在自己的网站上创建一个页面，针对正在参与的 CrossMark 服务向读者做出解释说明，并承诺针对 CrossMark 记录保存的内容随时更新和永久维护。为了保证永久链接，出版商需要对这个页面进行注册并分配 DOI。这个页面内容应该说明更正、撤稿、勘误等与 CrossMark 服务相关的更新策略，以及如何使用任何其他自定义元数据字段。这个页面还可以包含其他相关政策的链接，如作者提交指南、同行评审指南等。

第三，存储 CrossMark 元数据。CrossMark 元数据应该作为常规 CrossRef 元数据存储的一部分，也可以作为填充后台文件的独立数据存储。CrossMark 元数据至少需要包括 3 项内容：适用于 CrossMark 内容项目的 DOI、出版商参与提供 CrossMark 服务政策说明页面的 DOI、任何正在更新的内容项目的 DOI。

第四，为正在更正或更新的内容项目提供 DOIs。"更新"应只针对可能影举例（来自CrossRef官网）：

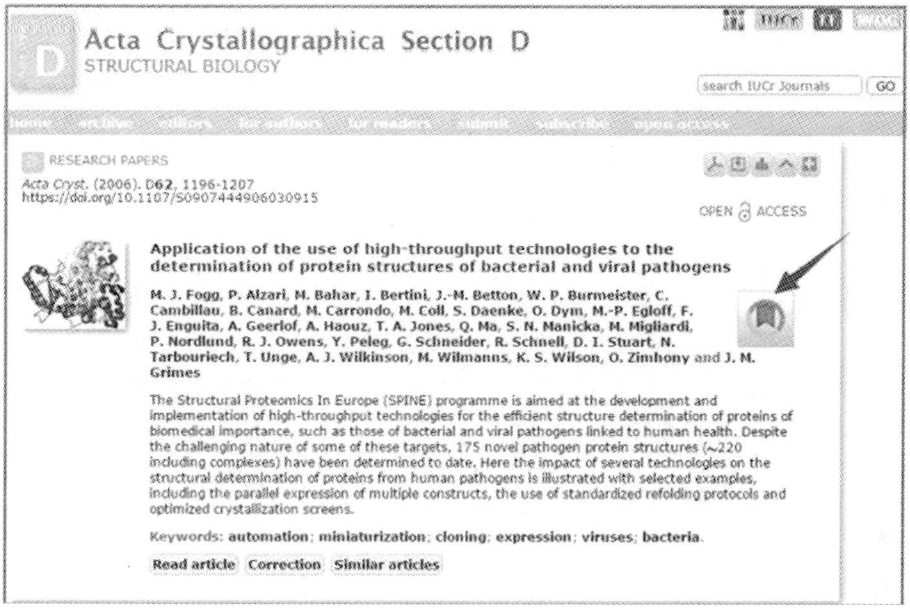

图2-25　单击CrossMark图标

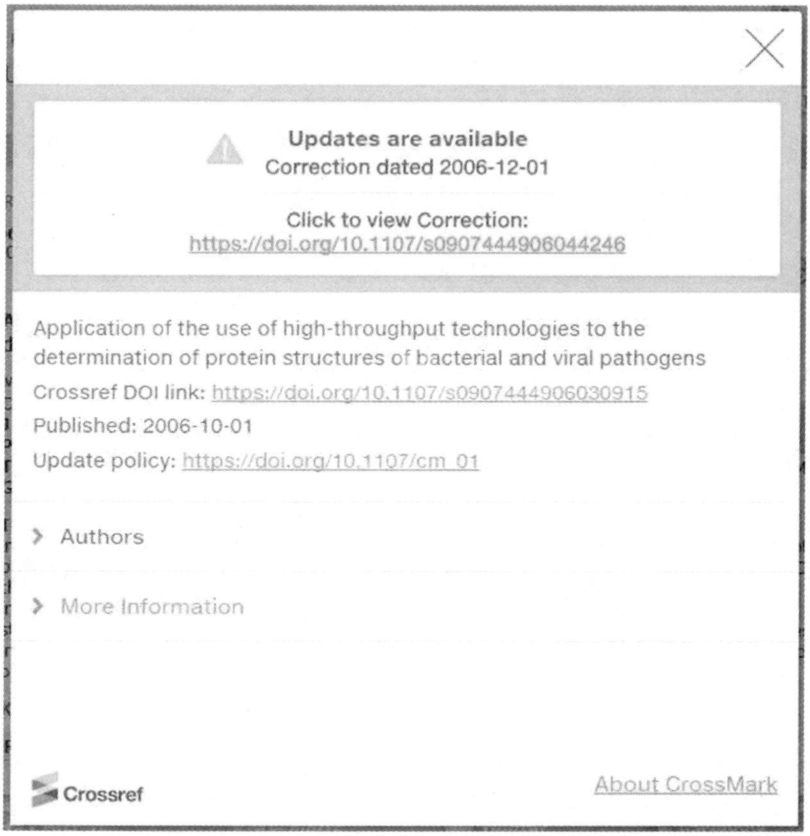

图2-26　Updates are available表示本文已经更新版本

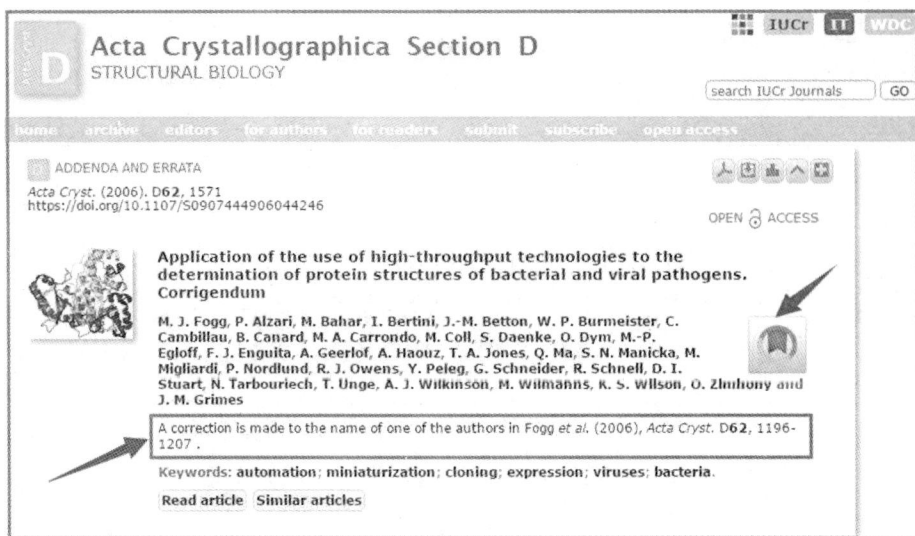

图2-27　更新版本说明了更新的内容，同样附有CrossMark图标

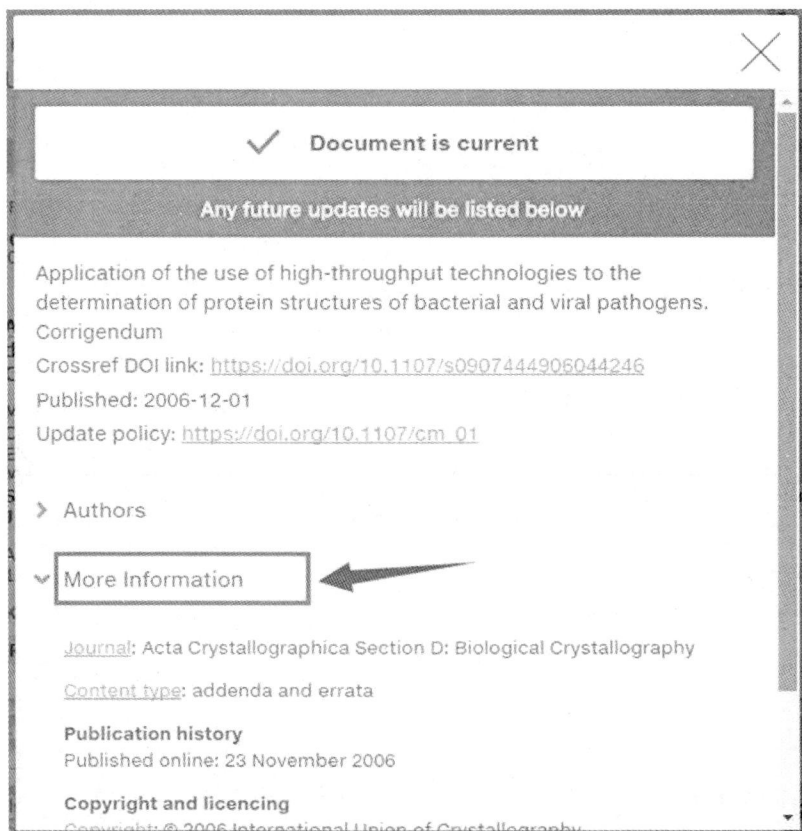

图2-28　Document is current表示该文档是当前最新版本

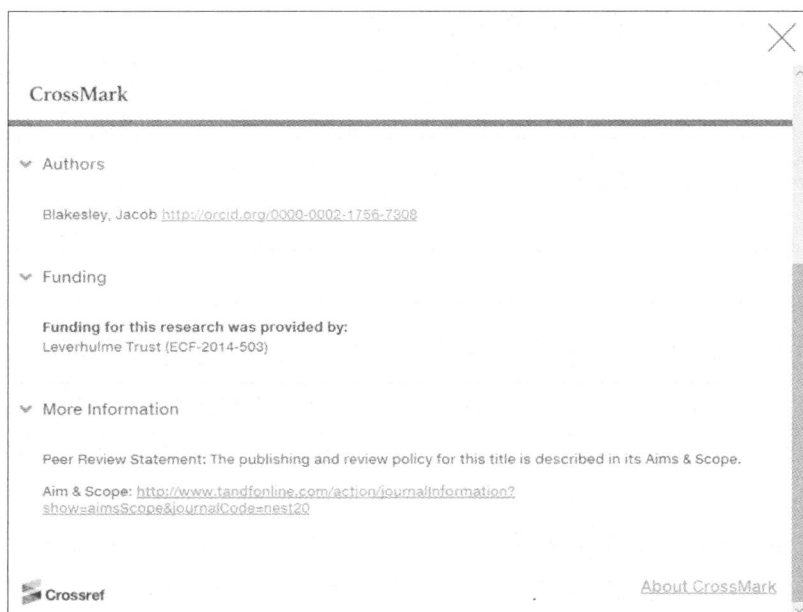

图2-29　单击More Information可以看到更多信息

响"研究成果解释或信用"的变更进行存储。换言之，只有在社论上发生重大变化时才应该存储更新。对于拼写更正、格式更改等细微变化，不应存储更新。在CrossMark 服务中有 12 种已定义的可接受"更新"类型（附录、说明、勘误、修改、撤稿等）。如果更新不属于这 12 种类别之一，则应将其作为声明存放在弹出框的"更多信息"部分。

第五，在 HTML 元数据中记录 DOI。出版商应该确保 DOI 嵌入在 HTML 元数据的前边，用于应用 CrossMark 图标按钮的所有内容项目，如下所示：

<meta name= "dc.identifier" content= "doi：10.5555/12345678" />

第六，将 CrossMark 图标按钮应用于 HTML 页面。CrossRef 提供了一个模板化的 html / javascript 代码小部件，它将把 CrossMark 按钮和功能嵌入出版商的网页中。

第七，将 CrossMark 按钮和元数据应用于 PDF 文件中，来自 PDF 的 CrossMark链接结构如下所示。

https://CrossMark.CrossRef.org/dialog/?doi=10.5555/12345678&domain=pdf&date_stamp=2017-01-14

（5）参与 CrossMark 服务的出版商义务

维护发布的内容，并及时注册任何更新。在所有数字格式（HTML、PDF、ePub）上添加 CrossMark 按钮图标。使用 CrossRef 提供的脚本实现 CrossMark 服务。除了调整大小，不得以任何方式改变 CrossMark 按钮图标。

2.6.4　结语

CrossMark 为读者提供了信任的证据，分享最新与更多的变化，实现了定位文档权威版本的轻量化，使读者能够快速方便地访问内容项目的当前状态。通过 CrossMark 平台，出版商可以向读者保证发布的内容是最新的，并尽量展示更多额外的元数据；研究人员和图书管理员可以很容易地看到他们正在阅读的内容的变化，找出是谁资助了这项研究，什么许可证适用于这些内容等附加信息，让附加信息与价值得到广泛传播与利用；任何人都可以通过 CrossRef 的 REST API 访问 CrossMark 元数据，为与其他系统集成和分析学术记录的变化提供了无数机会。近年来，在不断发展的过程中，CrossRef 的这些"小工具"帮助提高了学术期刊的影响力、传播力、创新力，全面促进了科研诚信建设，为学术期刊服务于科学研究的全过程和全产业链提供了支撑。

2.7　中外科技期刊发行服务对比研究 [①]

作为传播优秀科技成果的载体，科技期刊在国家创新体系中占据了不可替代的位置，随着我国技术的不断发展，科技期刊也在不断发展，据《中国科技期刊发展蓝皮书（2017）》统计，截至 2016 年年底，我国在办的科技期刊总量已达 5020 种，覆盖理、工、农、医等各个领域。学术期刊通过发行才能进入读者的视线，从而实现期刊传播知识和文化的作用，实现期刊的社会效益和经济效益。提高学术期刊的发行服务质量是提高学术期刊发行量的有效方式。与学术期刊的发行服务相关的因素既包括期刊的发行方式，即期刊通过何种方式到达读者受众；也包括期刊的定价方式，即读者以何种经济付出获得学术期刊的服务。

2.7.1　中外科技期刊发行方式对比

（1）我国科技期刊发行方式

目前，我国科技期刊主要有 4 种发行模式，分别为邮局发行、自办发行、代

---

① 本节执笔人为北京印刷学院景贵英。

理商的代理发行、网络发行。

邮局发行的优势在于邮局成熟的征订体系、配送网络和发行运作的经验，发行方式简单、省心且行之有效，是大众乐意接受的方式。邮局发行能提供简明征订目录，财务处理规范，送达即使有错也有据可查。当前，邮局发行依然是多数科技期刊发行的主要方式，如《科技与出版》《物理学报》《中国茶叶》等。邮局发行方式仍存在着许多问题。一是邮局的征订系统不能与其他数据库文件兼容。高校图书馆在订购时，无论从本馆的自动化系统出下一年度的订单，还是利用期刊订阅光盘出具的订单，都必须先打印成纸本形式，再由邮局工作人员通过订阅系统逐条输入，校对后确认订单，造成征订过程的重复劳动。二是由于邮局属于一个系统，期刊传递部门繁多，如出版地邮局、发行地各级邮局、订刊单位收发室等，传递时间长，有时不能为用户提供优良的配套服务。三是邮局这种只注重征订数量，而不重视配套服务的做法必将导致订购量的逐年下降。四是邮局发行无法给编辑部提供读者反馈意见和相关数据，很难为期刊发展和决策提供参考意见，编辑部无法进行相应的信息维护和反馈。

自办发行比邮局发行的成本低，自办发行的编辑部能够与读者直接联系，获取读者的相关信息，得到有效的反馈信息，方便编辑部进行相关信息的分析与维护。相应地，编辑部的工作量会显著提升，并且编辑部人员的数量也会在一定程度上降低发行的质量。所以，自办发行方式一般适合阅读群体较小的期刊。不少茶叶类科技期刊社都是自办发行的，如《茶叶科学》等。《农业经济问题》自2107年起实行全部自办发行，《农业技术经济》也从2018年开始实行全部自办发行，两刊都不能再通过邮局订阅。

代理商的代理发行一般收费低于邮局发行，如全国非邮发报刊联合征订，是自办发行期刊的有力帮手，发行方式简单、省心，只收取全部订费的8%作为代订费，但主要是面对各图书馆、资料室，《茶叶科学》在自办发行方式之外也选择了该种发行方式。

网络发行是近年来高速发展的一种发行方式，主要是通过期刊社的网站或者国内主要科技论文网络信息提供商（万方、维普、清华同方等）以电子版下载的方式发行。网络发行不受时间、空间的限制，通过较小的储存空间将海量信息传递给读者，有利于信息的快速传播。从出版者方面来说，网络发行可以节约发行成本，可以通过网络广泛收集各种信息，深入挖掘各种数据资源；从读者角度来说，读者可以更加便捷地检索和获取需要的信息。网络发行的弊端主要表现在：一是网络发行需要有相应的网站，包括购置域名服务器、代理服务器、Web服务器等硬件设施，同时还需要相应的维护费用，资金消耗比较大；二是著作权的保护，网络信息的易复制性、网络环境的开放性等特征，给用户获取相关信息提供了极大便利，同时也使著作权的保护难度增加；三是海量信息获取的便利增加了读者辨别信息真伪的难度，读者在搜寻想要的信息时难免会捕捉到大量的垃圾信息，需要增强辨别信息的能力。

（2）国外科技期刊发行方式

国外期刊的发行一般是从期刊社中分离出来的，委托给专门的发行公司或者是各级经销商，商场、超市等是非常重要的发行渠道。西方发达国家期刊发行模式多样、灵活，具有开放性。德国和美国的期刊发行基本模式主要有 4 种：一是总销售公司—中间商—订户；二是总销售公司—零售商—读者；三是出版公司—中间商—订户；四是邮局—订户。参与期刊发行的主体具有多样性，很多期刊社也承担自己刊物的订阅工作。在期刊的零售过程中，出版社协助各级代理商推动营销和发行工作，为他们提供期刊内容信息，以便组织各种针对性的宣传促销活动。美国医学会出版的期刊为自办发行，有专门的人员负责促销，具体发行方式有免费赠送、付费订阅以及单行本销售 3 种。除了传统的发行渠道，读者还可以通过新兴的网络订阅等途径单篇订阅或分期订阅期刊。

2.7.2　中外科技期刊定价方式对比

（1）我国科技期刊定价方式

我国的科技期刊通常有科研机构、大学、协会给予经济支持，期刊自身很少考虑商业运作，这导致我国科技期刊的定价未能反映其自身的学术价值。我国科技期刊的纸质版定价有 3 个显著特点：一是同国外科技期刊相比，我国科技期刊定价偏低。以中国化学会旗下的科技期刊为例，6 种与国际出版商合作发行的英文期刊单期定价在 100～600 美元，而 13 种未与国外出版商合作的科技期刊的单期定价在 12～50 元，定价相差甚远。二是科技期刊定价与学术影响力没有直接关系，一定程度上影响科技期刊的发展。如《中国化学》的国际他引影响因子为 1.196，其定价为 4061～7357 美元 / 年;《催化学报》的国际他引影响因子为 1.488，其定价仅为 600 元 / 年，折合 90 美元 / 年;《有机化学前沿》和《无机化学前沿》作为新创办期刊尚无国际他引影响因子，其定价也达到了 1920 美元 / 年，是《催化学报》定价的近 20 倍。三是期刊定价单一，影响期刊发行质量。我国科技期刊的定价一般不考虑受众的不同，无论是针对团体组织还是个人均采用统一定价，除个别科技期刊，如《化学教育》针对中国化学会会员采取一定优惠措施，多数科技期刊都不会考虑针对某些特定情形采取不同的价格策略。

科技期刊的网络发行方式产生了其网络版价格，我国科技期刊的电子版一般需要在相应的期刊网络平台，如中国知网、维普、清华同方等，付费下载。以中国知网为例，一般用户的使用价格为：每页下载或者阅读需支付 0.5 元，阅读的时限为 7 天，即针对同一篇文章一次付费后可以在网站上阅读 7 天。高校等机构一般会打包购买一系列电子期刊服务，通过校园网实现师生的免费使用。

（2）国外科技期刊定价方式

国外科技期刊价格较高，定价灵活，制定发行策略时善于从不同角度划分客户市场，采取细分策略，针对不同职业、不同地区、不同经济能力、不同忠诚度的订户，制定差异化销售策略，定价方式多达 17 种。西方发达国家一些较大的学术期刊集团基本上都会推出同一期刊的不同版本进行发行，报价也多样化。期刊会针对不同的用户类型制定不同的价格，如针对机构、个人、会员、学生设有相应的国内价格和国外价格，在不同地区、不同国家，价格也有变动；机构价又分团体价、图书馆价、公司价。此外，针对用户的不同订量和订阅周期，推出单期价、两年连续订购价、批发价等。以美国医学会为例，为了扩大期刊发行量，美国医学会对不同的发行对象采用了不同的收费标准，如对美国医学会会员、一般订户、医科学生和住院医生、机构的定价可能会相差很大。《美国医学会杂志》基本上有 3 种定价方式，一是针对在美国医学院校就读的学生、医生及美国医学会会员的低档次购买价格，二是针对一般订户的中等定价，三是针对机关、单位和团体的高定价，高定价可以达到低档定价的 5 倍左右，充分体现了对用户收入水平差异的考虑。

随着网络期刊的出现，期刊又有了网络版价、印刷版与网络版的捆绑价等。网版制作精美，HTML 和 PDF 格式同时提供，电子付费能满足多种订购需要，如银行转账、信用卡支付、单篇订阅或分期订阅等。许多大学更乐于订购校际网版，可使其师生在学校范围内各个终端上网免费阅读。

2.7.3　我国科技期刊发行服务的改进措施

（1）拓宽发行渠道

第一，利用微信平台拓宽纸刊发行渠道。

移动终端和移动网络的普及使得科技期刊开始重视微信公众平台的运营，越来越多的科技期刊开通并积极采取相应措施扩大微信公众号的影响力。移动支付等的出现也在日益改变着人们的购物习惯，微商等网上购物平台也呈现爆发式增长。《三联生活周刊》《新周刊》等都在自己的微信公众平台开通了微店功能，单本杂志的销量从几十到几百不等。科技期刊虽不同于一般时事新闻类期刊，但特殊受众总是存在的，以《科技与出版》微信后台的留言为例，《科技与出版》推出的针对编辑出版资格考试的特刊就受到了不少读者的关注，后台会有人留言询问如何单独购买这一期的期刊。通过邮局订阅的方式购买单本的期刊对于读者来说不容易接受，但微商功能的开通就能有效解决这个问题。因此，科技期刊可以在自己的微信公众平台开发微店功能，通过网上支付的方式向受众出售期刊，充分发挥长尾理论效应。

第二，积极合作，拓展多元化、专业化、国际化发行渠道。

新形势下，科技期刊需要拓展多元化、专业化、国际化发行渠道，借助专业团队力量增加发行量，增强显示度。例如，2013 年创刊的《胃肠道学报道》（*Gastroenterology Report*）杂志编辑部选择与市场份额巨大、技术力量雄厚的牛津大学出版社合作，由经验丰富的对方负责期刊的出版与发行，帮助杂志开拓市场，增强影响力。牛津大学出版社等大型出版社具备专业的发行团队，能够依据杂志定位（编辑内容、专题、策划方向、影响因子等）确定目标发行领域，及时、有针对性地对客户群/潜在客户群进行宣传及推送，并就读者对期刊产品的反应做出详尽而准确的分析，供编辑部及时调整期刊发展方向。同时，他们还可以充分利用经销商的力量，在国内外学术讲座、会议交流、品牌推广等活动中开设期刊展柜，提高杂志知名度与客户认可度。

（2）实行多样化定价

有 10 多年科技期刊发行经验的朱蔚总结后发现，科技期刊的价格变动并不能引起发行量的明显变化。换言之，科技期刊的需求价格弹性小，发行量不会因为定价的变化而出现大幅度变化，属于缺乏价格弹性的商品。我国科技期刊的订户大多是高校图书馆和科研单位，由于期刊订购的延续性，即使刊物价格上涨，需要订阅的刊物还是会继续订阅的。因此，针对高校及科研单位等对于学术期刊价格不是特别敏感的单位，可以通过提供相关的增值服务，适当提高纸刊的订阅价格，由此增加期刊的发行收益。

普通的订阅用户大多比较看重期刊的质量，同时对期刊的订阅价格比较敏感。针对普通的订阅用户，可以通过订阅优惠措施，开发和稳定订阅群体，如根据用户的订阅历史，依据不同订阅时长提供不同的价格优惠；给予能够拓展新用户的订阅用户相应的订阅价格优惠等。在价格优惠之外，还可以通过邀请订阅用户参与编辑的选题会、相关的学术研讨会等方式，增加与读者的联系，稳定读者。

单一纸版期刊的价格是缺乏弹性的，但是多种期刊的组合却是多种多样的，纸版和电子版捆绑销售，搭配多元化，体现价格的灵活性，满足不同读者和订户的需求，定价越细致，同一产品能够创造的利润就越多，这样也能促进期刊的销售，提高期刊的经济效益。

（3）构建期刊品牌意识

品牌期刊的影响力和知名度对促进期刊发行有积极的作用，读者在订阅时，首选的必然是有特色有影响的期刊。发行服务的提升不应该是单方面的，而应该是期刊品牌构建中的一部分。期刊品牌意识的构建，是建立期刊品牌的重要力量，也是提高发行服务的推动力。

从提升发行服务的方面来说，品牌意识的构建需要落实到具体的发行工作中。首先是期刊的宣传推广。在市场激烈竞争的环境下，科技期刊盲目地自我标榜固然不可取，但坐等顾客上门的做法也应当摒弃，要自信地、多途径地扩大自身宣传。同相关学科的各类报刊开展广泛交流，如互登征订启事、简介、行业快讯等；注重和专业网站建立长期的合作关系，相互宣传、链接，经常交换动态数据等，为期刊开拓国际市场创造条件；注重同国际、国内相关学科、大专院校图书馆及编辑部交换刊物，利用交换来扩大期刊自身的影响，不断汲取同类期刊的优点和长处，扩大期刊的影响力。其次是重视市场信息，要有一个准确的市场定位，锁定读者对象，把握读者需求，通过调查和反馈信息，及时调整宣传策略。最后是重视与编辑的沟通交流。发行人员应该主动与期刊编辑沟通交流，将市场信息与期刊编辑分享，以市场反馈的信息为依据，不断提高期刊的内容质量，从而提升发行的质量。

2.8　中外科技期刊服务收费研究 [①]

科技期刊是科研成果发表和学术传播的重要载体，为以科研工作者为主体的用户群提供服务。而用户在接受与享有科技期刊提供的服务的同时，需要向科技期刊支付相应的费用。本节将对国内外科技期刊的收费情况进行梳理和分析，力求客观呈现科技期刊服务的收费现状，以求在全面了解的前提下，对科技期刊收费政策的制定以及服务的发展提供参考。

科技期刊的服务主要涉及 3 个主体：作者、用户以及期刊。作者是期刊内容的生产者，用户依据自身需求获取内容。期刊则成为服务的主要提供者：一方面为作者内容的发表提供服务，另一方面则为用户需求的满足、内容的获取提供服务。科技期刊的收费主要发生在服务提供的过程中。近年来，随着期刊服务市场的发展，服务的提供者已不再局限于传统的期刊形态。为了便于论述，本节将其分为 3 类：一是传统期刊，如美国植物病理学会旗下期刊、美国医学会旗下期刊等；二是开放获取期刊；三是数据库出版商，如中国知网、EBSCO、Springer、Elsevier 等，本节将分别对其服务收费情况进行分析。

2.8.1　传统期刊的收费模式

传统期刊主要指没有加入出版集团的独立期刊或者学会、机构下的期刊。我国大部分科技期刊都属于此类期刊。国内外传统期刊的收费类别主要包含 3 种：

---

① 本节主要执笔人为北京工商大学高嘉蔚。

版面费、审稿费和图版费。

（1）版面费

版面费有狭义和广义之分。狭义的版面费是指学术期刊要求论文作者所支付的仅用于出版环节的费用，通常由学术期刊按照采纳论文所占版面或者文章字数的多少予以核定。广义的版面费是指学术期刊要求作者支付的从论文收稿登记到学术不端检测，从编辑初审到专家审稿，从主编定稿到排版校稿，从出版到发行等各个服务环节费用的总称。本节主要指涉广义的版面费。[①]

收取版面费是国内科技期刊较为普遍的收费形式，其计算方式主要有两种，一种以文章最终刊发所占版面进行计算，一种则按篇收取版面费。为了解国内科技期刊收费的具体情况，笔者以电话调研的方式，对《北京大学核心期刊目录》（第七版）收录的22种物理类期刊进行了调研。截至2018年5月31日，22种物理期刊中有20种期刊收取版面费，占比91%。其中按篇收取版面费的有3种，价格集中在1000～3000元/篇。按版面收取费用的，价格集中在200～300元/版。[②]版面费的具体收取情况见表2-3。

表2-3 《北京大学核心期刊目录》（第七版）物理类期刊版面费收费情况

版面费收取情况	数　量	占　比
不收取版面费	2	9%
收取版面费	20	91%
按版面收取费用	17	85%
100元/版	1	5.9%
120元/版	1	5.9%
200元/版	5	29.3%
250元/版	1	5.9%
300元/版	4	23.5%
400元/版	2	11.8%
450元/版	2	11.8%
900元/版	1	5.9%
按篇收取费用	3	15%

根据调研情况，如果以一篇文章所占版面为7页为例，则多数文章的版面费不超过3000元。这与目前我国科研项目经费使用中核心期刊论文报销金额上限为

---

① 胡志斌.学术期刊收取版面费的合法性辩解与立法规制［J］.科技与出版，2014（1）：78.

② 高嘉蔚，张聪.中外科技期刊收费模式研究［J］.科技与出版，2018（9）：142.

3000 元的规定相匹配。① 考虑期刊自身的载文量等因素，有的刊物会对超出刊物规定篇幅的部分加收费用，即为超版费。

国外期刊界版面费收取的计算方式与国内相同，即按刊登版面收费和按篇收费。但在具体的收费细节上要比国内更加明确、多样。例如，农林类期刊 *Crop Science* 对论文前 7 页免征版面费，超出 7 页则会收取 50 美元 / 版的费用。② 美国植物学会的 *The Plant Cell* 对会员实行优惠政策：美国植物生物学家学会（American Society of Plant Biologists，ASPB）会员在 *The Plant Cell* 上发表文章收取 2200 美元 / 篇，非会员则需要多交纳 300 美元，为 2500 美元 / 篇。如有特殊情况无法交纳版面费的，则可以向主编写信寻求费用的豁免。③ 美国植物病理学会（American Phytopathological Society，APS）旗下的期刊，不仅会员与非会员收费不同，同一期刊的不同栏目收费也有所区别（表 2-4）。

表 2-4　美国植物病理学会旗下期刊版面费收费情况

期　刊	出版费
《植物病理学学报》 *Phytopathology*	普通作者：130 美元 / 页 APS 会员作者：前 6 页 50 美元 / 页，其后 80 美元 / 页
《植物病害》 *Plant Disease*	普通作者：130 美元 / 页 APS 会员作者：前 6 页 50 美元 / 页，其后 80 美元 / 页
《植物病害注释》 *Plant Disease Notes*	普通作者：450 美元 / 篇 APS 会员作者：350 美元 / 篇
《资源公告》 *Resource Announcements*	所有作者：前 3 页收费 800 美元，其后 150 美元 / 页
《植物微生物分子互作期刊》 *MPMI*	所有作者：前 6 页收费 150 美元，其后 150 美元 / 页
《植物健康进展》 *Plant Health Progress*	植物健康简报（Plant Health Briefs）最多 3 页 普通作者：450 美元 / 篇 APS 会员作者：350 美元 / 篇 研究，评论，迷你评论，诊断指南，植物健康管理和调查文章（Research，Reviews，Mini-Reviews，Diagnostic Guides，Plant Health Management，and Survey Articles） 普通作者：130 美元 / 页 APS 会员作者：前 6 页 50 美元 / 页，其后 80 美元 / 页
《植物群落期刊》 *Phytobiomes Journal*	所有作者：前 12 页收费 1550 美元，其后 150 美元 / 页

来源：APS Journals Information for Authors［EB/OL］.［2019-03-29］. https://apsjournals.apsnet.org/page/authorinformation.

由于国外期刊的市场化程度比较高，一些发行量高、商业性强的期刊，因为

---

① 高嘉蔚，张聪. 中外科技期刊收费模式研究［J］. 科技与出版，2018（9）：142.

② Crop Science Author Instructions［EB/OL］.［2019-03-29］. https://dl.sciencesocieties.org/publications/cs/author-instructions.

③ The Plant Cell Instructions for Authors［EB/OL］.［2019-03-29］. https://tpc.msubmit.net/cgi-bin/main.plex?form_type=display_auth_instructions.

有较高的发行收入、广告收入以及社会组织的经济支持，不要求作者交纳版面费。比如美国医学会旗下的 *JAMA* 等 12 种期刊，均在官方网站上标明不收取作者任何费用，并且在发表当天所有文章就可以在名为 JN Reader 的应用程序上免费访问，发表 6 个月后可以在 *JAMA* 网站免费访问。而且通过世界卫生组织的卫生领域研究网络计划（HINARI 计划），在线版本可以以免费或者近乎免费的方式提供给发展中国家的科研机构。①

作为四大医学周刊之一的《新英格兰医学杂志》（*NEMJ*），也在其官方网站上明确表示无须作者支付费用。*NEJM* 出版 6 个月后，将在 NEJM.org 上免费提供所有研究论文的全文，同时，向 90 多个低收入国家提供免费的在线访问。②

（2）审稿费

审稿费一般指期刊出版机构为支付包括审稿专家酬劳在内的在稿件评审过程中发生的相关费用而收取的费用。

国外科技期刊会在提交论文文稿时收取审稿费，一般为 50～125 美元，用于支持编辑和同行评审的工作。有些期刊不单独收取审稿费，但会在收取的版面费中予以说明。比如美国《物理评论快报》（*Physical Review Letters*）对发表于其上的论文收取 800 美元版面费，其中有 295 美元用于评论或者回复。③

国内有些科技期刊会在论文提交时收取审稿费。如果论文没有获得录用，部分期刊会退还审稿费。也有些期刊则会在论文正式录用后收取审稿费。在对《北京大学核心期刊目录》（第七版）物理类期刊的调查中发现，有 11 种期刊收取审稿费，收费价格多集中在 100～200 元/篇（表 2-5）。④

表 2-5　《北京大学核心期刊目录》（第七版）物理类期刊审稿费收取情况

审稿费收取情况	数　量	占　比
不收取审稿费	11	50%
收取审稿费	11	50%
100 元/篇	6	54.5%
200 元/篇	3	27.5%
300 元/篇	1	9%
依评审具体情况而定	1	9%

① JAMA for Authors［EB/OL］.［2018-07-28］. https://jamanetwork.com/journals/jama/pages/for-authors.

② Authors of Accepted Articles: What to Expect［EB/OL］.［2019-03-29］. https://www.nejm.org/author-center/what-to-expect.

③ Publication Charges and Reprints for Physical Review Letters［EB/OL］.［2019-03-29］. https://journals.aps.org/prl/authors.

④ 高嘉蔚，张聪. 中外科技期刊收费模式研究［J］. 科技与出版，2018（9）：143.

（3）图版费

图版费用于支付期刊论文中出现的照片、图表等相关资料的打印费用，尤其是彩色图片的打印费用。有的期刊也会对黑白图片进行收费，但与彩色图片价格不同。图版费的收费方式主要有两种，一种是以图表所占版面收取，一种则是以图片个数收费。国外科技期刊收取图版费比较普遍。美国植物病理学会旗下的《植物病害》（Plant Disease）期刊，对论文中出现的照片、插图等，按照每张 20 美元收费。对印刷期刊中要求彩色打印的图片，前 2 个图收费为每张 500 美元，之后增加的按照每张 250 美元收费。如果是在线出版，则彩色图片不收取任何费用。[①] 也有刊物如《植物生理学》规定在特殊情况下可免收图版费，《美国物理化学学报》则将是否收取彩色图版费的决定权授予主编，如果主编认为彩色图表的使用对说明论文的观点至关重要，作者可免交图版费。[②] 另外，如果作者对校样改动较多也需交纳额外费用。如日本物理学会的期刊规定：更改校样中的图片每张需交纳 600 日元。国内大多数期刊都是黑白印刷，收取图版费并不普遍。如果读者提出彩色打印的要求，则出版社会收取相关费用。

2.8.2 开放获取期刊收费模式分析

目前，开放获取出版正在发展成为学术出版的重要趋势。预计到 2021 年，开放获取期刊刊登的论文将占全部学术论文出版量的 50%。到 2025 年，通过开放获取期刊发表的论文会占到全部学术期刊论文的 90%。[③] 表 2-6 是国内外 3 个主要开放获取检索平台中开放获取期刊和论文的统计数据。在开放获取出版中，"作者"付费已经成为普遍采用的收费机制。虽然传统期刊的出版也是采用"作者"付费，但是两者在付费的理念和目的上有明显区别。传统期刊付费主要是为了降低期刊出版过程中的成本，而开放获取期刊的付费则主要是为了科研成果的共享与传播。

表 2-6　3 个主要开放获取检索平台中开放获取期刊和论文的统计数据（截止日期：2019-03-29）

检索平台	开放获取期刊（种类）	全文开放获取（种类）	收录文章（百万篇）
DOAJ	12916	9975	3.90
J-Gate	50164		56.87
中国科技论文在线（Sciencepaper Online）	850	850	1.299

① APS Journals Information for Authors［EB/OL］.［2019-03-29］. https://apsjournals. apsnet.org/page/authorinformation.

② 张晓斌. 国外学术期刊论文收费情况概述［J］. 出版发行研究，2007（4）：56-59.

③ Lewis D W. The Inevitability of Open Access［J］. College & Research Libraries，2012（5）：493-506.

（1）开放获取期刊的主要收费类型

第一，评审费。

开放获取期刊的评审费与传统期刊类似，一般在文章提交时就需要支付，费用为 50～400 美元不等，收取后通常不予退还。① 比如，学术和商业研究所（Academic and Business Research Institute，AABRI）旗下的期刊收取论文评审费，不超过 20 页的评审费为 55 美元，超过 20 页的为 95 美元。②

第二，文章处理费（APCs）。

文章处理费（Article Processing Charges，APCs）是开放获取期刊出版最为常见的收费类型，一般在稿件被录用时交纳。文章处理费一般包括评审、编辑、文章制作和托管、网站开发维护、寄存、备份、提取和索引服务、客户服务等费用。大部分收费的开放获取期刊都收取文章处理费。

第三，其他费用。

一些期刊会根据一些特殊的情况或者服务收取特定费用。AABRI 除收取评审费等费用外，还收取出版服务费。这个费用会基于稿件的长度以及作者是否除了网络发布还需要印刷副本等情况酌情收取。*Journal of Medical Internet Research*（JMIR）设有快速发表通道，需要额外支付 450 美元。③ PLoS 提供一种名为特别收藏的服务，需要提前提出申请，并且由 PLoS 收藏和参与期刊进行商定。由于管理和出版特别收藏的额外费用，PLoS 对每篇文章收取额外费用 500～1000 美元。④

（2）开放获取期刊的定价模式

第一，以固定价格收费。

对特定期刊中的所有论文收取固定价格是一种比较普遍的定价模式。大概有超过 70% 的出版商和商业出版物使用此收费模式。⑤ 如 Nature 出版集团旗下的开放获取期刊《自然·通讯》（*Nature Communications*）对刊内文章统一收取出版费 5200 美元。同一出版集团下的不同期刊出版费的定价可以有所不同。如 Nature 出版集团旗下不同的开放获取期刊，出版费用分布在 1690～5200 美元。固定价格

---

① Mark Ware Consulting. Submission Fees—A Tool in the Transition to Open Access?：Summary of Report to Knowledge Exchange［R］. Bristol：Mark Ware Consulting，2014.

② AABRI Submission and Publishing Charges［EB/OL］.［2019-03-29］. http://www.aabri.com/pubcharges.html.

③ Submission Preparation Checklist［EB/OL］.［2019-03-29］. https://www.jmir.org/about/editorialPolicies#custom7.

④ Special Collection Publication Fees［EB/OL］.［2019-03-29］. http://collections.plos.org/s/finances-for-special-collections/.

⑤ Bo-Christer BJÖRK，David SOLOMON. Pricing principles used by Scholarly Open Access Publishers［J］. learned publishing，2012（25）：132-137.

也可以按照系列收取统一价格。如自然出版集团《通讯期刊》（*Communications Journals*）系列下的《通讯·生物学》（*Communications Biology*）、《通讯·化学》（*Communications Chemistry*）、《通讯·物理学》（*Communications Physics*）3 本期刊的出版费统一为 3170 美元。①

第二，依论文的具体情况收费。

有些期刊会依据论文提交的格式收费。比如欧洲地球科学学会旗舰期刊《大气化学和物理学》（*Atmospheric Chemistry and Physics*）规定使用 LaTeX 排版系统生成的文档以 77 欧元 / 页收费，使用 Word 系统生成的文档以 93 欧元 / 页收费。②

有些期刊则按照出版页数收费。比如美国光学学会（The Optical Society of America，OSA）旗下的开放获取期刊《生物医学光学快报》（*Biomedical Optics Express*），论文 6 页以内收费 1198 美元，7～15 页收费 1630 美元；超出 15 页，以 145 美元 / 页收费。③

有些期刊按照不同的许可证区别定价。例如，《骨髓移植术》（*Bone Marrow Transplantation*）期刊对知识共享—署名—非商业性使用—禁止演绎许可证（CC-BY-NC-ND）或是知识共享—署名—非商业性使用—相同方式共享许可证（CC-BY-NC-SA）收取 2500 英镑，而对知识共享—署名许可证（CC-BY）收取 2800 英镑，两者有 300 英镑的差别。④《生物医学光学快报》（*Biomedical Optics Express*）也特别规定对知识共享—署名许可证按照 7 页以内和 7～15 页分别收取 1698 美元和 2130 美元，比没有此要求的费用要高出 500 美元。⑤

有些期刊按照同一期刊的不同栏目收费。比如，《光学》（*Optica*）期刊规定信函（最多 4 页）和备忘录（最多 2 页）收费 2000 美元，而研究论文（最多 8 页）收费 2775 美元。⑥

第三，依开放获取模式收费。

开放获取的实现主要有 4 种方式：金色开放获取（Gold Open Access）、混合

---

① Nature Research open access journals［EB/OL］.［2019-03-29］. http://www.nature.com/openresearch/publishing-with-npg/nature-journals/.

② Article processing charges（APCs）［EB/OL］.［2019-03-29］. https://www.atmospheric-chemistry-and-physics.net/for_authors/article_processing_charges.html.

③ OSA Article Processing Charges［EB/OL］.［2019-03-29］. https://www.osapublishing.org/submit/review/pub_charge.cfm#apcs.

④ 王岚. 付费 OA 出版与 OA 出版开支管理研究［J］. 山东图书馆学刊，2016（5）：95-100.

⑤ OSA Article Processing Charges［EB/OL］.［2019-03-29］. https://www.osapublishing.org/submit/review/pub_charge.cfm#apcs.

⑥ OSA Article Processing Charges［EB/OL］.［2019-03-29］. https://www.osapublishing.org/submit/review/pub_charge.cfm#apcs.

开放获取（Hybrid Open Access）、绿色开放获取（Green Open Access）和钻石开放获取（Diamond Open Access）。

金色开放获取是指期刊中的论文都通过互联网立即、永久、免费对用户开放。该文章的版权仍由作者保留。金色开放获取论文可以在完全开放获取期刊上发表（所有论文都是开放获取出版）或在混合开放获取期刊上发表。金色开放获取一般都要交纳文章处理费。

混合开放获取是将传统出版模式与开放获取出版模式相结合的一种方式。它允许作者自由选择是否将文章开放获取。如果不选择，则按照传统模式发表。如果选择则需支付文章处理费。

绿色开放获取也称为开放存档，是指作者依出版商或者资助人的要求将稿件的某个版本存储到专业的机构或知识库中，立即或在一定的限制期内（一般6～12个月）转为开放获取。这种出版模式十分接近双向免费开放获取，在国际学术出版界占有不小份额，如美国数学学会的一些期刊就采用这种模式。

钻石开放获取是指一种更为彻底的开放获取模式。这种模式既不向读者收费，也不向作者收费，实行双向免费。期刊运营主要依靠研究机构、研究基金、财团资助、捐赠、广告等。根据维基百科介绍，大约有70%的开放获取期刊是双向免费的，不向作者收取任何费用。[①]

有研究发现，完全开放获取的期刊费用主要在1000～5000美元之间。对于案例报告和短片报道以及没有大量经费的研究领域的文章，收费较低，为400～1000美元。混合开放获取收费相对较高，基本在3000美元左右。[②]比如Elsevier对选择钻石开放获取的作者不收任何费用；对选择金色开放获取的作者收取每篇论文500～5000美元的出版费；为选择绿色开放获取的作者提供12～14个月的禁行期，不向作者收取费用。[③]

（3）开放获取期刊主流付费模式

第一，个人付费模式。

出版商会根据期刊的影响因子、发行成本等因素确定个人付费的标准。研究发现，开放获取期刊影响因子基本与期刊处理费用呈正相关。一般来讲，影响因子越高的期刊，期刊的处理费用也越高。因此对于作者个人来讲，会对价格与期刊影响力做出权衡，寻找最优选择。[④]

① 余敏. 欧美出版社开放存取期刊论文处理费研究［J］. 出版科学，2016（5）：106-110.
② 程维红，任胜利. 国外学术期刊OA出版论文处理费（APC）调查［J］. 编辑学报，2017（2）：193.
③ 余敏. 欧美出版社开放存取期刊论文处理费研究［J］. 出版科学，2016（5）：108.
④ 刘烜贞，陈静. 开放获取期刊出版费及其对学术交流的影响［J］. 中国科技期刊研究，2015（12）：1246.

对于付费作者，许多出版商有针对性地制定了出版优惠政策。比如 Wiley 提供自动减免名单和自动折扣名单。自动减免名单内的 80 个国家的作者自动免除出版费用。自动折扣名单上的 41 个国家的作者享有 50% 的费用减免。①PLoS 则提出全球参与倡议，依据低收入国家和中等收入国家标准，将相关国家分为两组，一组完全减免费用（包含 69 个国家和地区），另一组只收取 500 美元的出版费用（包含 48 个国家和地区）。②生物医学中心（BioMed Central）为截至 2018 年 7 月世界银行分类为低收入经济体国家的作者免除论文出版费用；为中低收入经济体国家并且 2017 年国内生产总值（GDP）低于 2000 亿美元国家的作者提供出版费用 50% 的折扣。③我国有的期刊为了鼓励境外学者投稿，会对来自境外的文章免收出版费用。

第二，会员付费模式。

出版商通常会为成为会员的作者、机构等提供付费折扣等会员服务。

英国皇家学会（The Royal Society）提供两种会员模式，分别是标准开放获取会员资格和预付开放获取会员资格。标准开放获取会员资格，会根据会员机构上一年在皇家学会期刊上发表的开放获取文章数量对其收取年费，会员机构的附属作者则可以在发表文章时享有 25% 的出版费折扣。预付会员资格则要求预付会员至少存入 5000 英镑，从中以 10% 的折扣扣除论文处理费，预付资金没有时间限制。④

欣达维出版公司（Hindawi Publishing Corporation）提供 3 种机构会员模式，分别是联合会员、预付费会员和无限制会员。联合会员机构作者发表文章将享有 10% 的出版费折扣，并获得 3 次文章处理费豁免。预付费会员需要预存不少于 5000 美元的预付款，在此基础上享有一定的出版折扣。无限制会员则要求依据以往的研究出版历史，按年一次性交纳会费，会员机构作者可以在 12 个月的时间内免除所有出版费用，不管论文的发表量是多少。⑤

加拿大开放获取期刊 JMIR 较为复杂，它将会员分为个人会员和机构会员。

① Wiley Waivers and Discounts［EB/OL］.［2019-03-29］. https://authorservices.wiley.com/open-research/open-access/for-authors/waivers-and-discounts.html.

② PLoS fee assistance programs［EB/OL］.［2019-03-29］. https://www.plos.org/fee-assistance.

③ APC waivers and discounts［EB/OL］.［2019-03-29］. https://www.biomedcentral.com/getpublished/article-processing-charges/open-access-waiver-fund.

④ Open Access Membership［EB/OL］.［2019-03-29］. https://royalsociety.org/journals/librarians/subscribe/open-access-membership/.

⑤ Hindawi for Institutions［EB/OL］.［2019-03-29］. https://about.hindawi.com/institutions/.

个人会员分为普通会员和银质会员两类，同时按照具体缴费额度及会员年限分为7种子类型。其中，只有银质会员可以享受文章处理费用的豁免，豁免的最低收费为5000美元，签订3年会员可享受3次价值7500美元的文章处理费用的豁免。机构会员分为7类，进一步按照缴费额度及年限又可以细分为14种子类型。其中，只有3类机构会员可以享受出版费的豁免，分别是银质会员、金质会员、F类会员，豁免的最低收费为5000美元，包括3次论文处理费的豁免。①

第三，机构付费模式。

近年来，随着开放获取运动得到人们的广泛认可，各种机构对开放获取期刊的资助也更加普遍。机构通常直接或间接地，一次性或持续地对整个或部分开放获取期刊进行支持。支持的方式可以提供现金、设施、设备或人员。一项研究调查显示："2015年有超过一半的作者收到了论文处理费补助资金，其中24%是全额资助，29%是部分资助。"② 这些资助机构既包括与作者有隶属关系的机构，也包括与作者无隶属关系的机构或组织，比如大学、研究机构、图书馆、学会、博物馆、医院、营利性公司、非营利组织、基金会或政府机构。

荷兰政府非常重视开放获取期刊的发展。其国家教育、文化和科学部设定了到2018年60%的以公共资金出资的科学出版物必须是金色开放获取，到2020年要达到100%的目标。荷兰科学研究组织（NWO）专门设有激励基金，鼓励资助的研究人员在完全开放获取期刊（Golden Road）上发表文章。③

奥地利学术图书馆联盟成员和奥地利科学基金与Springer达成了一项开放获取协议，协议允许作者在订阅期刊上发布开放获取，并且涵盖了作者在订阅的混合期刊上发表开放获取文章的相关费用。像美国国立卫生研究院（NIH）、威康信托基金（Wellcome Trust）、英国研究委员会（RCUK）、欧洲科学技术合作组织（COST）和世界银行等都支持开放获取政策，并允许相关款项用于支付出版费用。

粒子物理开放获取出版赞助联盟（SCOAP3）是与全球44个国家和3个政府间组织中的3000多个图书馆、大学和研究机构组成的全球伙伴关系。SCOAP3将高能物理领域的重要期刊转换为开放获取，目前涵盖了近90%的高能物理期刊出版物。SCOAP3采用轻量级的中央行政管理模式，主要由参与的图书馆提供资金，参与图书馆将之前用于订阅SCOAP3期刊的资金转变为共同基金，支付具有竞争

---

① Membership Types［EB/OL］.［2019-03-29］. https://www.jmir.org/cms/view/support_&_membership#subscription-form.

② 王岚. 付费OA出版与OA出版开支管理研究［J］. 山东图书馆学刊，2016（5）：97.

③ 许洁，王嘉昀. Open Access 2020战略背景下的开放获取期刊出版现状：第十二届欧洲学术出版会议综述［J］. 中国科技期刊研究，2017，28（7）：596.

力的文章处理费用。SCOAP3 通过集中支付出版商提供开放获取所需的费用，出版商反过来又可以降低所有客户的订阅费用，使得原有的经费得到了更为有效的使用。而作者则可以免费在相应期刊上发表文章。从 2014 年成立以来，SCOAP3 已经支持开放获取出版的 20000 多篇文章。为了控制成本，SCOAP3 会与出版商就发表的文章数量达成固定的最高年度支付额度（表 2-7），而最终的支付额度会基于实际的发文数量，预计每篇的平均发表费用在 900～1000 欧元。①

表 2-7　2017—2019 年度 SCOAP3 与出版商达成的发表文章数量以及支付额度

出版机构	预计出版文章数 （2017—2019 年）	最高合同金额 （2017—2019 年）
爱思唯尔（Elsevier）	4200	6950000 美元
欣达维（Hindawi）	650	315000 美元
英国物理学会出版社（IOP Publishing）	170	150000 英镑
雅盖隆大学（Jagiellonian University）	120	52500 欧元
牛津大学出版社（Oxford University Press）	460	320000 英镑
施普林格（Springer）	9800	7500000 欧元
总　　数	15400	14200000 欧元

来源：Transparent Costs［EB/OL］.［2019-03-29］. https://scoap3.org/phase2-journals/.

2.8.3　数据库出版商收费模式

数据库出版商是指通过构建大型数据库服务平台，为读者提供期刊、会议、年鉴等信息产品资源的检索、在线阅读、下载等服务的出版机构。如国内的中国知网、万方等，国外的 EBSCO、ProQuest、JSTOR 等。相比于传统期刊以"作者"为中心的收费模式，期刊数据库出版商则主要实行以"读者"为中心的收费模式。这里的读者，既包括普通的个体读者，也包括高校图书馆、科研院所、企业等机构。而有些大型出版集团，如 Elsevier、Wiley、Springer 等，既做期刊出版，也出售相关数据库，在收费模式上更加多样。

从世界范围来看，订阅市场占学术期刊出版市场的 87%，主要方式是学术出版商通过与研究型图书馆联盟签订"打包订阅"协议，将电子期刊数据库及其相关资源，销售给各大学图书馆。②本节主要对联盟打包订阅数据库的收费模式进行分析。

---

① What is SCOAP3?［2019-03-29］. https://scoap3.org/what-is-scoap3/.

② 许洁，王嘉昀. Open Access 2020 战略背景下的开放获取期刊出版现状：第十二届欧洲学术出版会议综述［J］. 中国科技期刊研究，2017，28（7）：596.

（1）国内高校出版商数据库购买情况

近年来，我国高校图书馆电子资源购置费逐年增加。对全国 763 所高校图书馆电子资源采购费的调查发现，2016 年总采购费用约为 21.98 亿元（2015 年为 16.47 亿元），电子资源采购总费用大幅增长与提交有效数据的图书馆的数量增加有关，也与各馆实际采购费用增长有关。电子资源采购费的平均值约为 288.1 万元（2015 年约为 251.4 万元），约占馆均文献资源购置费的 54.4%（2015 年约为 51.3%），所占比例较 2015 年升高了约 3.1 个百分点，且平均值逐年升高（图 2-30）。[①]

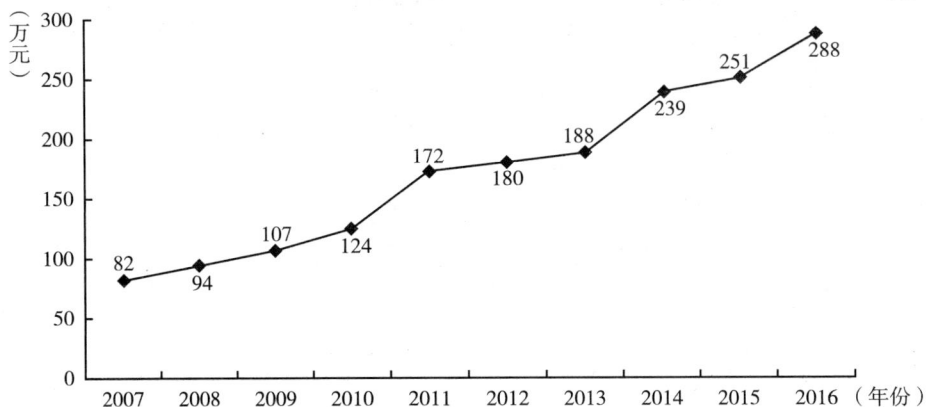

图2-30 2006—2016年高校图书馆馆均电子资源购置费

在由教育部高等学校图书情报工作指导委员会发布的《高等院校图书馆文献资源发展状况报告（2010—2014）》中，通过对 235 所普通本科高校图书馆的中文电子资源购置情况调查分析发现，被购买次数排名前 20 位的中文电子资源共有 22 种。其中，CNKI 期刊全文被购买次数最多，达 228 次，如图 2-31（1）所示。对 235 所普通本科高校图书馆的外文电子资源购置情况调查分析发现，被购买次数排名前 20 位的外文电子资源共有 26 种。其中以 EBSCO ASP/ASC 和 BSP/BSC、Springer E-Journal 等综合性全文数据库较为突出，如图 2-31（2）所示。[②]

高校图书馆电子期刊采购主要分为整库购买和分专辑或学科购买两种模式。整库购买是电子期刊采购中的常用模式。分专辑或学科购买模式比较灵活，用户可以根据学校的学科设置购买不同专辑或学科的电子期刊。[③]

① 王波，吴汉华，宋姬芳，等. 2016 年高校图书馆发展概况［J］. 高校图书馆工作，2017，（6）：21.

② 文献资源年度工作报告组. 高等院校图书馆文献资源发展状况报告（2010—2014）［R］. 北京：教育部高等学校图书情报工作指导委员会，2015：45-53.

③ 苏建华. 国内高校图书馆外文电子期刊采购的困境及应对策略［J］. 新世纪图书馆，2016（7）：48.

目前，整库购买大多通过集团联盟采购进行。通过电子资源联合采购，能够对电子资源供应商形成强大的议价能力。国内的高校数字资源集团采购，最早起源于 20 世纪 90 年代末。1998 年，中国高等教育文献保障系统（CALIS）的建立，为我国的高校图书馆搭建了一个资源共建共享的平台。之后，各个区域、省市的图书馆联盟也相继建立，如江苏高等教育文献保障系统（JALIS）、天津高校数字图书馆，这些区域图书馆联盟与 CALIS 相互补充、协调发展，形成了较为完备的高校资源共建共享体系。2010 年，高校图书馆数字资源采购联盟（DRAA）正式成立，标志着国内高校数字资源集团采购进入了规范化、可持续发展的新阶段。①

除此以外，不同地区针对地区高校的特点成立了相应的联盟，比如北京高校网络图书馆。该联盟是由北京市教育委员会和北京地区高校图书馆工作委员会针

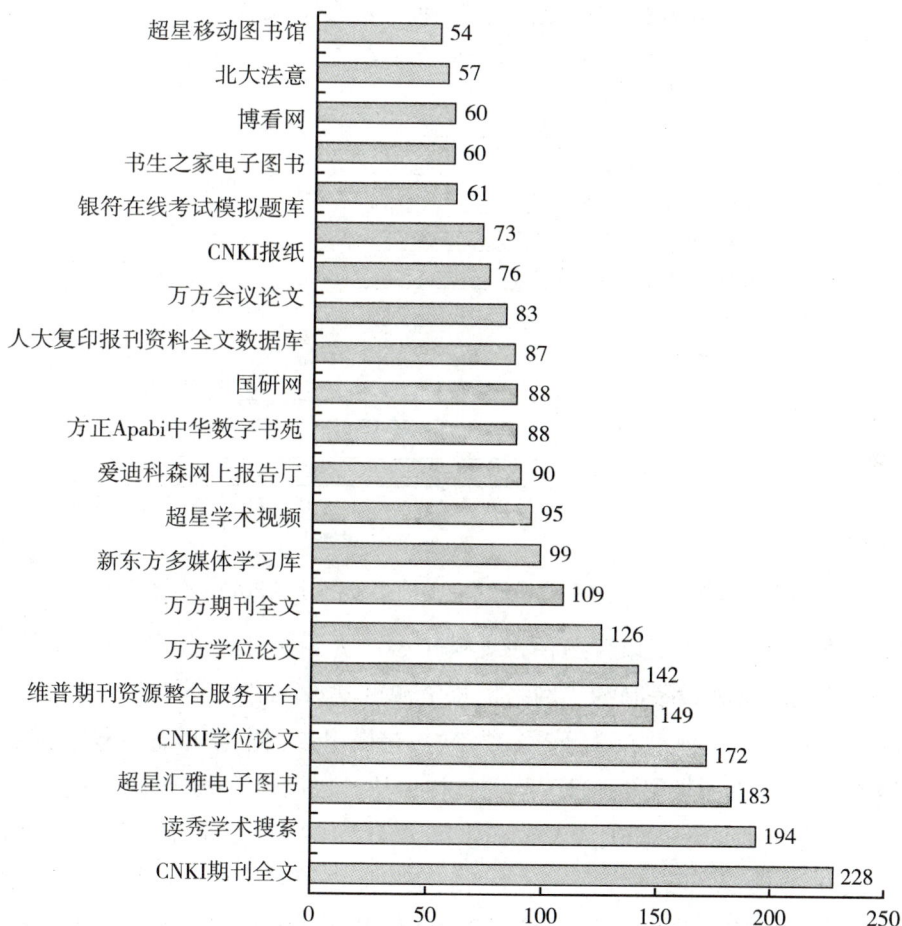

（1）中文电子资源

① 谭明君. 高校图书馆数字资源集团采购的问题及优化策略［J］. 图书情报工作，2016，60（11）：75.

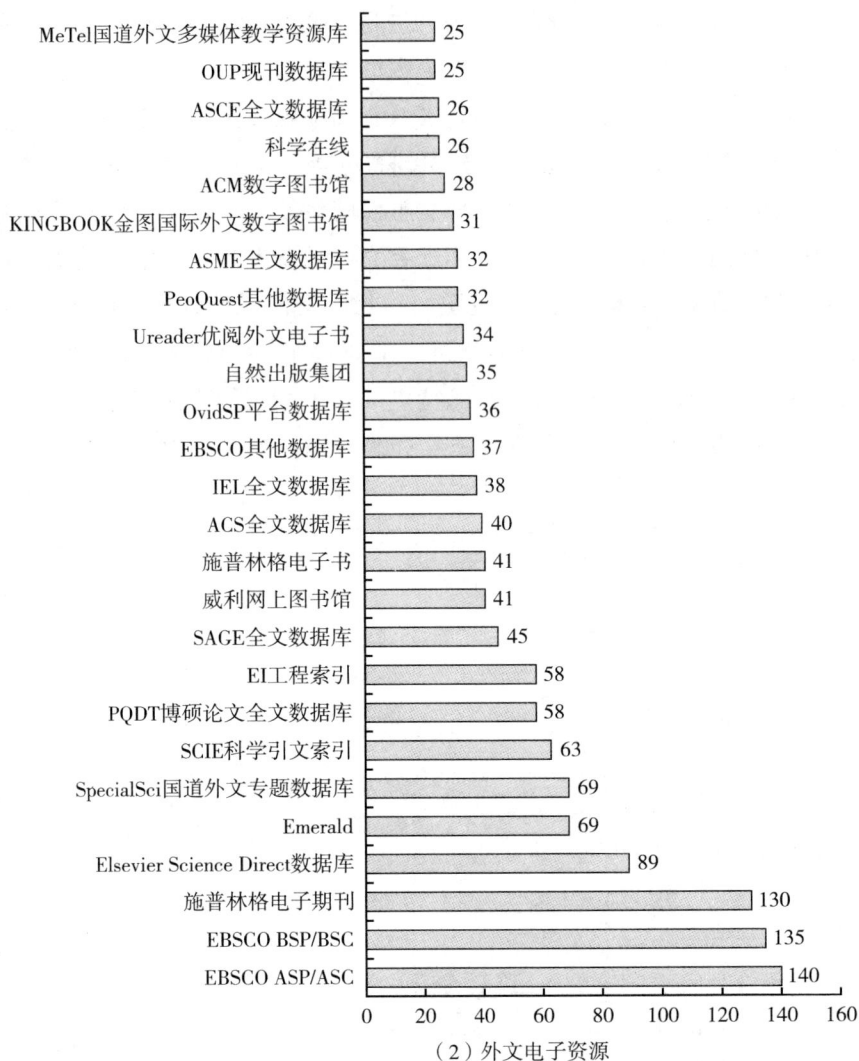

（2）外文电子资源

图2-31　235所普通本科高校图书馆购买次数排名前20位的电子资源

对北京市属市管高校图书馆普遍存在规模较小，资源相对匮乏，生均文献购置量下降、自动化条件和设备制约了网络信息资源的建设及利用等问题，考虑到市属市管高校在行政上均属北京市管辖，拨款、建设可以由北京市统一规划和实施，由此提出了工作的总体思路：以改革的精神，从"大而全""小而全"的传统模式中跳出来；以联盟的形式，走以"大馆共建，小馆共享"为标志的整体化建设道路。① 自2002年成立至今，已经有51所北京市属高等院校加入了北京高校网络图书馆。目前，北京市属高校可以通过参会的方式免费获得中国知网期刊内容的使用权限。

① 北京高校网络图书馆［2018-07-28］. http://bj.netlib.superlib.net/pageinfo?cid=24.

（2）国外出版集团与高校图书馆联盟集团购买收费模式

目前，国外出版集团与高校图书馆联盟进行集团购买的收费模式主要呈现出以下几个特点：

第一，分级定价。

Elsevier Science Direct 数据库按照使用用户师生总人数、科研型学生数和平均使用量 3 种指标进行评定。科研型学生数是指在读硕士生及博士生的人数总和，这一人群是使用数据库的主体。平均使用量是指在一定期限内（通常为 3 年）的平均全文下载量。将以上 3 种指标通过权重打分，按照分值把联盟成员分成 3 级，分别为小型、中型和大型，不同等级设定不同的最低订购额，同时享有不同的购买折扣。EBSCO 将单独购买用户依据购买学校的规模（FTE）分为 4 类，分别为小于 8000 人、8000～18000 人、18000～25000 人、25000 人以上。不同分类之间价格大约有 8%、10%、6% 的涨幅。对已经加入联盟的成员单位则会按照学校类别进行分级。如把高校分为 985、211 高校以及非 211 高校 2 类，前者要比后者价格高出约 21%。JSTOR 按照全职学生数、全职教师数、订购纸质现刊种数、纸质馆藏书籍及专著等指标，将学校评为很大（very large）、大（large）、中（medium）、小（small）、很小（very small）等不同级别。

第二，出价标准多样。

如按照不同订购额度制定年涨幅。Springer 按照用户在 2017 年的总花费额度制定用户在 2018—2020 年度的年涨幅。各种优惠政策，前提和要求不尽相同。Elsevier 按照上一采购期最后一年的最低订购额设定本次采购期内的折扣幅度。JSTOR 会根据采购集团的服务质量与活动情况，给予额外的优惠折扣。EBSCO 为成员提供 ASC/BSC 升级优惠方案，前提是需要在原有费用的基础上支付升级费用。还有的集团采用分项等方法确定计价方式。Elsevier 将购买价格分为最低订购额、内容费、全文库访问费 3 项，分别设定计算准则和折扣额度，从而获得总费用。JSTOR 则需要用户交纳一次性的初始费用，然后从第一年起每年支付年度更新维护费。由于出价标准的多样性及复杂性，也为购买价格带来不稳定性和多变性。

第三，实行抵扣政策。

国外大型出版集团出版纸质期刊的同时，也出版相应的电子期刊，很难避免重复销售情况的发生。因此，出版商会根据成员的实际订购情况进行相应的抵扣。Springer Nature 会在核实订购记录之后，在电子费中为用户抵扣其想保留的 SLCC 纸本期刊的总价。Elsevier 则允许用户选择将订阅的全部或者部分纸质期刊转为电子期刊，并享有转换为电子期刊所付价格 10% 的优惠。JSTOR 会减去选购主题收录期刊重复部分的费用，确保期刊收费不重复。再有，由于混合开放获取自身的特点，可能存在开放获取论文被收取论文出版费的同时，也与期刊内其他非开放获取期刊一起以订阅费的形式再次被收费的情况。为此，Wiley、Elsevier 等出版商表示，当期刊中有订阅论文转为开放获取论文时，会随时调整期刊价格。不过，也有机构表示，由于订阅采用的是打包方式，这使得单独期刊的价格被包含在订阅价格中，并不透明，因此很难逐一确定。

2.8.4　科技期刊服务收费机制的发展策略

综合以上对国内外期刊服务收费机制的调研，结合我国目前科技期刊的发展境况，本节对我国科技期刊的服务收费机制的发展提出以下几点建议。

第一，提高期刊质量，建立合理的收费标准。

有学者曾研究过期刊质量与作者投稿和付费意愿之间的关系，发现作者会对质量和付费标准进行考量，权衡是否值得支付费用。[①] 可以说，提高期刊学术质量，提升科研的服务品质，是期刊发展的核心内容。这就要求期刊从读者和作者的实际需求出发，树立服务意识，同时秉持科学、创新、实用的原则，做好学术发展的服务与引导。而有序、科学、高效的服务流程又可以成为建立合理的期刊收费标准的基础。近年来，随着开放获取期刊的发展，对收费的合理性探讨以及收费标准的建立已经成为期刊发展的重要议题。英国提出以传统订阅模式盈利的出版商必须按照单篇论文核算成本收益，并向图书馆、作者和科研经费提供者公开；以金色开放获取方式获利的出版商需要适当降低文章处理费用，直至获取合理利润。[②] 反观我国，目前收费标准不清，不同期刊费用差别较大，而从成本角度出发建立合理标准是一个思路。

第二，打造优质平台，发展多元化的经济模式。

国际化的科技出版集团自身都拥有较强的出版能力，期刊出版倾向于集团化、规模化发展，善于借助互联网、移动媒体等打造全方位的出版平台，借此形成多样化的广告和内容服务，构筑起多元化的经济模式。Elsevier 提供有针对性的广告服务，将用户按照学科分为生命科学类、保健科学类、物理科学类、社会科学类，并依据学科特点帮助用户制定广告策略。Nature 出版集团通过定制化的内容和媒介服务为用户提供印刷版、在线版、社交媒体版等多种渠道的市场推广，并开展多媒体定制和 Nature 学术会议等合作。Springer 有自己的网上商店 Springer Shop，售卖印刷版本和电子版本，印刷版本全球免费送货。这些多元化的经济模式既可以成为期刊发展重要的经济来源，也可以在为用户提供更多服务的同时，提高自身的影响力。我国科技期刊运作相对独立，分散，无法形成合力，在开展

---

① 罗大珍. 国外开放存取出版作者付费机制研究 [J]. 出版广角，2016（12）：49.

② 许洁，王嘉昀. Open Access 2020 战略背景下的开放获取期刊出版现状：第十二届欧洲学术出版会议综述 [J]. 中国科技期刊研究，2017，28（7）：596.

服务方面心有余而力不足。因此，就更需要主动寻求行业内外的合作，整合资源，共同打造出优质的出版平台，为用户提供更多的选择空间，发展出多样化的经营模式。

第三，加强政策导向与立法支撑。

有研究在对美国、英国、德国、荷兰和日本等国的科技期刊运行机制和发展环境进行调研的结果中发现：成熟的市场机制、完善的法律环境以及政府的宏观调控，是形成这些国家科技期刊宏观运行机制和发展环境的三大要素。[①] 目前我国科技期刊的政策引导和扶植力度相对较弱，虽然国家也出台了一系列的政策法规，但是这些政策法规并没有随着行业和社会经济的发展及时调整变化，再加上诸如开放获取期刊等新型期刊形态的出现，更需要制定新的管理办法和政策法规指导实践。因此，相关部门需要认真分析我国期刊发展的实际情况，同时借鉴和考察国外的管理模式和政策法规，制定出适合我国期刊发展的政策制度，促进行业健康发展。相应地，高校以及科研机构对于版面费、审稿费、图版费等费用，在申请批复科研项目时，也要考虑制定相应的报销机制。

第四，加强期刊的信息化建设，提高收费透明度。

国外科技期刊出版商非常重视信息化建设，特别是影响因子比较高的期刊，期刊的收费信息设有专门的页面予以公开，收费类别划分也非常细致。考虑到用户群体的信息环境，很多期刊也开始发展移动出版。美国化学会期刊在对用户群体进行高度细化的基础上，推出了 ACS Mobile 和 ACS2Go 两款 APP，希望做到在信息传播的基础上更好地促进营收。[②] 我国期刊的信息化建设目前已经取得一定的进展，但还存在诸如网页无法打开、信息不透明、功能单一等问题。这里既有资金的问题，也有重视程度的问题，根本在于很多期刊仅仅把自己作为内容的接收方，而不是知识服务的提供者。因此，国内期刊应该充分利用计算机信息资源和网络技术，实现期刊的经营、编辑、发行等服务内容全方位的信息化和数字化，由此达到信息资源的开放、利用和共享，以及管理的科学化和规范化。

① 金碧辉，戴利华，刘培一，等. 国外科技期刊运行机制和发展环境研究 [J]. 中国科技期刊研究，2006，17（1）：3-9.

② 戚义姣. 美国化学会期刊 APP 出版的特点及启示 [J]. 科技与出版，2007（1）：46.

3 提升我国科技期刊
服务能力的对策建议[①]

3.1 我国科技期刊服务能力的现状

第一，始终坚持围绕国家重大科研需求深入服务，注重国内标准等标准化服务，在国内科技出版的有关规定管理下展开服务。我国从新中国成立后建立起的科技期刊队伍，从建立之初就始终树立为国家、为人民、为科学服务的宗旨，在我国重大科研进展中从不缺席，如屠呦呦关于青蒿素的研究发表在《科学通报》；在改革开放之后，围绕我国科研、行业、科普发展的方方面面，不断提升自己的服务能力，逐渐建立了基础研究类科技期刊、应用研究类科技期刊、行业交流类专业期刊和科普类期刊等具有不同服务特色的期刊类型。在对我国科研政策和出版政策理解上，我国科技期刊能够及时跟进最新的科研政策，跟踪重大科研项目开展服务，遵守科技期刊管理的有关规定。

第二，从整体看，我国科技期刊服务措施丰富，服务形态多样。从本报告调研的服务细节看，当前我国科技期刊具体的服务措施基本上涵盖了创刊调研、论文写作指导、高质量审稿、快速发表、数字化推广等各个环节。从服务形态上看，科技期刊通过论文、栏目、会议、培训等多种形式丰富了服务手段，提高了服务能力。图 3-1 为我国科技期刊的服务细目，可以看出，还是比较齐全，涉及科研成果发表的方方面面。

---

① 本章主要执笔人为清华大学出版社期刊中心张昕。

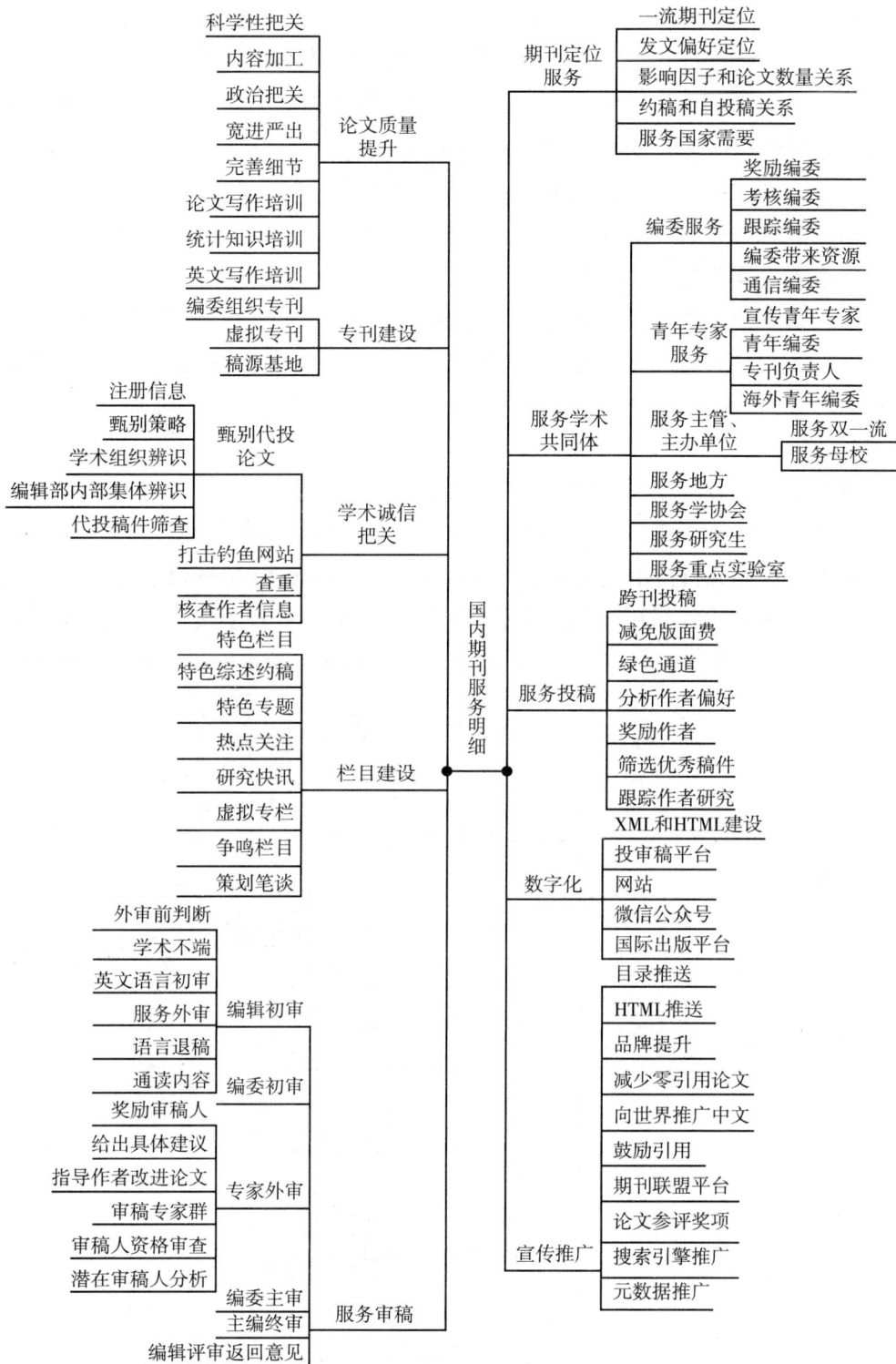

图3-1 我国科技期刊服务明细图

国外科技期刊能采取的服务项目，中国科技期刊基本上也都已做到。而且，我国科技期刊的人际沟通本土化优势明显，可以深入交流，挖掘各种潜在需求，转化为期刊服务项目。图 3-2 为 *Nature* 等国外顶尖期刊的服务模式，可以看出，绝大多数服务项目我国科技期刊都有所涉猎。

第三，从服务对象看，我国科技期刊围绕国内各个层面的学术共同体，构建了针对性较强的分类服务体系。在具体的办刊实践中，我国科技期刊有以主编、编委、作者、读者为对象的服务体系，也探索了依托学会、高校、科研院所、主管部门、行业的共生式服务举措，还从科研层面聚焦为以院士、青年编委、研究生等为代表的科研主力军。科技期刊针对这些不同类型的学术共同体开展了有特色的服务，而且我国科技期刊本身具有主管和主办机制，使其与所属的科研机构联系尤为紧密。

第四，从服务质量看，近年来整体服务质量不断提升，尤其以英文科技期刊服务水平的提升最为典型，其成功经验也在逐渐向中文科技期刊转移，发挥了先导作用。我国英文科技期刊近年来得以扶持发展，在服务的国际化和高科技化方面逐渐与国外接轨，采用国际通用服务模式和先进的服务手段，提高服务理念，

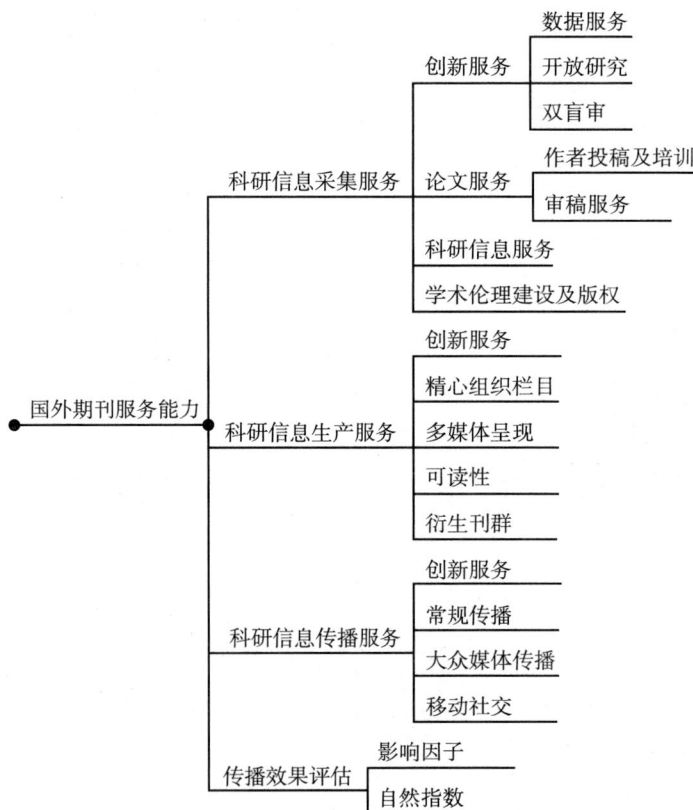

图3-2 *Nature*等国外顶尖期刊的服务模式

取得了积极效果。聚焦活跃学术共同体、重视服务质量提升的理念也逐渐影响了中文科技期刊，已有中文科技期刊在转变办刊理念，探索数字化手段应用，有利于提升整体的服务水平。

3.2　我国科技期刊服务能力的不足

第一，服务投入有限，专业化程度不够。虽然我国科技期刊具备与国外相当的服务条目，但在服务深度上，由于普遍投入不足，使得整体的专业化程度不深，很多服务浅尝辄止。例如，国内很多期刊自建网站，但在运营推广上明显不足，网站服务宣传的力度就大打折扣；极个别科技期刊已经开展论文写作培训服务，但是还属于单兵作战，难以形成科学化、体系化、可持续化态势；在审稿质量、发表速度、响应作者等方面也与高水平科技期刊差距较远。

第二，服务意识不强，为读者服务不够。我国科技期刊计划体制的办刊色彩还很突出，虽然都具有明确的办刊宗旨和服务对象，但是自上而下的办刊意图导致服务意识不强，"唯核心"的期刊评价导向使得科技期刊整体向作者倾斜。只知"有稿子"就行，不问是否"有人看"；只知为指标服务，不知道为包括读者在内的学术共同体开展有针对性的全方位服务。

第三，从服务主体看，良莠不齐，行业整体服务水平亟待提升。本调研报告基本上统计的是我国服务开展比较好的科技期刊，但就我国科技期刊整体而言，相当数量的科技期刊安于"等靠要"现状，不思服务，办刊的绩效考核与服务工作完全脱节，甚至极个别期刊还沦落为乱发烂文章的问题期刊，更遑论服务。这种整体性不高的服务质量使得国内外科研工作者对国内科技期刊颇多微词。虽然唯SCI导向是高水平科技论文不断外流的主要原因，但是国内科技期刊难以提供与国外匹敌的高水平论文服务，难以在国内外科学共同体中对论文作者的科研生涯提供显著的提升，也是很多科研工作者选择将论文发表在国外的原因之一。

第四，从服务效果看，科研诚信服务缺失严重，亟待提升服务的公信力。学术不端、科研不诚信已经越来越成为影响我国科研发展质量的重要因素，科技期刊并没有生成应对机制，缺乏针对科研诚信的具体服务手段。从我国科技期刊的服务实践看，近年来国内优秀的科技期刊在应对学术不端、代投论文、虚假网站等方面投入的精力越来越多，也越来越凸显出诚信服务的重要性。但从科技期刊整体看，还是需要展开协同作战，共同提高诚信要求，丰富诚信把关措施，完成提高我国科研诚信质量的重大任务。

3.3　提升我国科技期刊服务能力的建议

第一，以服务世界一流学术共同体为导向，建立一流科技期刊的综合量化指标体系。

当前，我国科技期刊界迎来了建设世界一流科技期刊的历史使命和时代重任。从科技期刊服务科学共同体的初心来看，世界一流科技期刊必然也是凝聚和服务于世界顶尖科学家，必然会在促进我国科研国际大交流和大合作发挥重要作用。而如何通过顶尖学术共同体判断和把握世界一流科技期刊的发展态势和指标体系，是摆在科技期刊界面前的紧迫任务。除了期刊影响因子、期刊排名，究竟还有哪些指标可以反映世界一流科技期刊的主要特征，也需要围绕学术共同体来建立综合的指标体系。

本报告认为，影响因子虽然是重要指标，但从科研界对期刊的认知行为看，顶尖学术共同体的综合期刊偏好应该大于任何量化的引证指标。否则只能叫高引证期刊，而不是一流期刊。顶尖学术共同体偏好的改变并不是短时间能做到的。新期刊要被顶尖学术共同体承认，需要比传统期刊付出更大的努力，以及相当长的时间。但是，也不排除例外，顶尖科学家参与较多、投入较大，也有可能在短时间内办成参与度、口碑、学术影响力和引证指标等都较好的新兴一流期刊。因此，本报告围绕服务顶尖学术共同体，建构了世界一流科技期刊评价体系，并初步赋予权重。需要说明的是，因为应该在同一学科范围内对比和评价一流科技期刊，因此以上指标均在同一学科内。影响因子和总被引频次构成第一评价梯队，必须综合使用，以便使得期刊在学科内具备足够的发言权。假如某期刊影响因子高，但影响力的范围很小，那么对学科和行业的影响必然有限，因此就不能称之为一流期刊。

顶尖科学家可以依据主流评价机构判断。从全球规模上看，必然会在国别、机构、年龄等方面以欧美学术圈为主，如绝大多数学科的科学家以欧美为主，以一流科研机构为主，以年纪大的科学家为主，等等。可以通过顶尖科学家发表文章、参与审稿等主要学术出版活动的程度，来判断该期刊是否凝聚了顶尖的科学家。这一目标与我们国家当前的科研合作建设方向也是完全吻合的，科技期刊应该成为重要平台，并在建设中成为世界一流。

既然是世界一流，那么就应该有一定的学术界或科技界的媒体曝光率，从对社会、经济甚至政治等层面的影响看，世界一流科技期刊应该发挥举足轻重的作用，对大众的科学素养、对学科的发展方向、对行业的应用前景都应显示出足够的辐射力，这在很大程度上必然会借助科技媒体来完成，因此科技媒体的曝光率应该成为重要指标。

此外，从我们国家伟大复兴的发展目标看，中国建设的世界一流科技期刊，少不了中国科学家的身影。虽然最理想的情况是中国科学家主导，但基于传播平台的公益性，也可以采取中国科学家"主导"或"重要参与"的原则，满足我国科研发展的核心利益。

第二，围绕对国内经济和科研建设具有最直接作用的科研共同体，大力提高科技期刊服务成果转化和产学研用结合的能力。科技期刊服务创新型国家建设的目标不能变，而创新型国家建设对不同科技期刊类型有不同的建设要求，如上文所讲的世界一流科技期刊建设对服务基础研究有至关重要的作用，而中文科技期刊则应该成为促进国内企业创新转型、经济腾飞的主要载体。清华大学经管学院潘文卿教授的《知识的空间溢出效应与区域劳动生产率》研究显示，国内知识的地区间溢出效应要大于来自国外不同渠道的知识溢出效应，实证揭示了国内行业之间的科技交流对经济的促进作用要大于国外知识引进的效果，因此，中文科技期刊应该发挥更大作用，同时加强在本地区、跨地区的行业传播，为企业的转型升级提供高水平的服务。

第三，转变服务观念，提高服务读者的能力。读者是检验期刊服务水平的试金石，作者投稿只是服务的开始，读者使用才是服务的结束。科技期刊要想在各种各样的核心期刊评价畸形导向中闯出来，必须找到符合办刊规律的主线，这就是为读者服务。我国不少科技期刊的读者对象与实际办刊服务对象并不相符，书面刊载的是面向全国、面向全学科、面向全行业，但实际上仅仅限于各自的主办机构内，表现出学术传播的交流扩散趋势与主管主办机制内敛趋势的矛盾。在这种情况下，科技期刊服务应该回归为读者服务的初心，重新认识、厘定自己的学术共同体，以服务读者的数量和质量为判断标准，将原先单向的服务模式变为双向互动的服务模式。主管和主办单位对科技期刊的考核，应该逐步引导为以服务读者考核为主，采取读者大数据量化分析和问卷调查等方式，了解阅读、学习、应用论文成果的效果，围绕读者需求提升论文质量和传播效果。

第四，深化服务的专业化程度，扶持第三方科技期刊服务队伍，提升科技期刊服务质量。在国外，欧美等发达国家的科技期刊在相当资本投入的前提下，完全市场化运作，不断深挖细分需求，销售推广服务，在获取收益的时候也不断推动着创新服务。我国科技期刊限于机制体制，除了目前极个别有实力的企业化期刊出版单位，分散的、小规模的期刊编辑部很难实现专业化程度很高的服务，而且若非采取积极的转企改制改革措施，也很难得到根本性的改变。在这一前提下，除了期刊编辑部主体，还应该从服务的角度，积极扶持、引导第三方期刊服务机构，将其纳入科技期刊整体服务框架内，以外部的专业化来提升科技期刊服务体系整体的专业化。例如，国内大型期刊数据库使得期刊论文在线分发服务水平不断提升，国内投审稿采编系统的厂商使得越来越多的科技期刊采取这种与国际接轨的数字化手段，国内微信推广专业团队可以受委托运营期刊微信公众号并不断扩大影响，等等。而这种扩大科技期刊服务队伍的视野，不仅是国内期刊出版管理体制使然，也是国际科技出版的规律和特色。国际科技出版早已跳出了以编辑部为主体的单一服务模式，建立了包括编辑部在内的 IT 技术、市场化队伍、资本运营等流水化、高水平的服务队伍。我国科技期刊要想追赶，必须在整体上力图形成第三方科技期刊服务能力的突破。例如，北京中科期刊出版有限公司为提升科技期刊的营销传播能力，在原有邮政发行及渠道销售等线下销售基础上，搭建了"中科期刊淘宝店""中科期刊微店"等线上销售途径；为单刊编辑部推出"全流程一体化出版服务"项目，包括"中科编辑""中科润色""中科校对""中科培训""中科销售""中科 XML 数据处理""中科财务服务""中科期刊评价与咨询"等特色服务项目，全面提升了科技期刊的出版及运营质量。

第五，以服务能力创新为抓手，提高服务的高科技含量。科技期刊服务不仅是文化的，也是技术的。囿于投入的限制，我国科技期刊服务的技术含量普遍不高，这与科研活动的高技术形成了很大的落差。因此，科技期刊应该坚持数字化导向，开拓社交媒体等新型渠道，提高国内服务科技的标准化和导向化，针对服务的各项明细不断推广技术的行业标准，使得期刊编辑部容易上手和使用，便于维护，提高应用的积极性和投入能力。